国际关系学院中央高校基本科研业务专项资金
资助项目

# 太极竞技推手

刘明亮　许义林　著

人民体育出版社

# 序 1

推手是研习太极拳的高级阶段。三十余年来，推手比赛已经成为群众喜闻乐见的武术竞技项目，涌现出大批优秀人才。为了进一步推动全民健身运动，深入开展太极拳及推手运动，武术工作者还需做大量深入的挖掘整理工作，及时沉淀总结多年太极推手比赛和训练的心得与经验。

本书作者刘明亮和许义林先生多年致力于太极推手教学和推广工作，积累了丰富的第一手经验，培养出百余位北京市太极推手冠军和许多太极新秀，是太极推手方面的资深专家，今天他们将积淀二十余年的工作经验与心得体会编写成《太极竞技推手》实属不易，书中内容朴实易懂，操作性、学术性俱佳，实为一本优秀的太极推手著作。

# 序 2

　　太极拳是中华武术之瑰宝,是世界人民的共同财富,有很高的实用价值和养生价值,群众喜闻乐见。太极推手是太极拳的重要实用阶段,1994年,太极推手正式成为国家比赛项目。三十余年来,国内涌现出了大批优秀教练员、运动员、武术工作者,然而到目前为止关于太极推手训练与比赛方面的专著还非常少,大部分是承传前人的著述或练习方法,欠缺创新。

　　本书作者刘明亮先生和许义林先生是太极推手方面的资深专家,多年来,所带领的队伍蝉联北京市太极推手团体冠军,培养了大批优秀武术人才,理论基础扎实,教学训练经验丰富。本书客观实际地对三十余年来太极推手训练与教学方面的经验作了总结,以教材的体例进行编写,朴实易懂,有很强的操作性。

　　作者将传统的太极推手理论与现代体育运动理论进行有益嫁接,论题明确,观点新颖,有重要的理论参考价值,实为一本优秀的太极推手专著。

　　大胆地对传统太极推手进行简化、对推手竞赛技术进行优化,是本书的另一个特色。以往之所以太极推手不好教、不好学就是因为教学步骤过于复杂,技术方法不太明

确。书中既继承了传统太极推手的精华部分，又肯定了推手比赛中的实用技术，是对提高太极推手教学、训练效率的可贵尝试。

邢登江

# 序 3

"推"是一种武术格斗的基本方法。凡是用到武术的地方，都会用到推，古今中外，没有例外。在搏斗中，由于推法能够摆脱被动局面、争取进攻的主动权，当它与踢、打、摔、拿、靠等技击方法结合在一起运用时，可以获得更多的攻击机会。经过历代武术家的总结提炼，已经发展成为专门的训练，并形成技术，这就有了推手。历来武术家们都重视推手，在很多的武术拳种与流派中都有推手，如太极拳、形意拳、八卦掌、咏春拳、意拳、鹤拳等等。在这些拳种中，结合得最好的是太极拳，可以这么说，没有推手，就没有太极拳。所以，推手自然地归入到太极拳的门下，几乎成为太极拳的专利，人们习惯的把推手叫做太极推手。

推手的技术核心是"引进落空、顺势借力"，技术达到高级水平时，能够打出"腾空飞出、轰然跌坐、双膝软跪、颓然前扑、踉跄颠跳、凌空翻转"的技术效果，把武术对抗提升到艺术境界。推手充满了美感和诗意，无论是发放的一方，还是被发放的一方以及观众，都会被这样的技术境界所感染，享受到美学意境。可是，随着武术由技击功能向健身功能的转型，推手也在逐渐淡出人们的视线。以致在现代体育精神得到弘扬，人们希望开展推手竞技比赛，把推手发展成一个体育运动项目的时候，推手技术已经大量流失，推手人才极度匮乏。当时，社会上推手已不流行，能够会一点盘手的人已经很少，能

够说说手的人更是少之又少，仅剩一点师徒间的体验，以绵延着太极拳实用技术的血脉。更有一些神婆、神汉，为了个人私利，装神弄鬼，混淆视听，让推手蒙受羞耻。然而，就是在这样的背景下，竞技推手毅然敲响了锣鼓。

竞技推手经过 30 多年的实践，正在逐步形成理论体系、技术体系、训练体系与比赛体系，人才大量涌现。正是竞技推手运动的开展，太极拳的实战能力得到进一步的检验，同时，也在还原太极拳的真实面目，让太极拳重新找回了自信，由此，也进一步推动了太极拳运动的蓬勃发展。正当活步竞技推手如火如荼开展的时候，一种回归传统、面向大众的定步竞技推手经过研讨、实验，开始试行了。定步竞技推手是人们对竞技推手认识升华的成果，标志着推手进入一个新的发展阶段，也预示着太极拳将以更加坚定的步伐走向世界，更好地造福人类。

拳友刘明亮先生、许义林先生参加过推手比赛，也经常带队训练、参赛，长期关注推手运动，对竞技推手有一些心得、体会。他们的新作即将问世，这是一本关于竞技推手的教学用书，读后认为，这本书对于要学习、了解竞技推手的人可资参考。

以此为序。

田金龙
2016 年秋于邯郸学院

# 前　言

　　太极拳是中国一项古老的拳种，太极推手则是它的重要实用阶段。几百年来，太极拳与中国文化相互融合，始终沿着拳、道并重的发展道路前进，有"哲拳"之美誉。如今，随着武术事业的蓬勃发展，太极推手产生了突飞猛进的巨大变革，已经成为了一项国家正式比赛项目。

　　作者认真总结多年来从事太极推手教学、训练、比赛的经验，并结合前人经验编写本书，目的是为了满足广大太极拳教练和习练者的需要。本书编写时注重了三个方面：一是从历史发展的角度出发，尽量展现太极推手的全貌；二是严格按照教材体例编写，突出其作为教材的实用性、操作性、可读性，删繁就简，重新概括了有关的概念、技术、学练步骤；三是对当代太极推手项目进行理论和技法方面的沉淀和完善，借以抛砖引玉，将推手这个比赛项目推向一个更高的高度。本书是一本引导太极推手爱好者入门、提高之作，尤其适合作为院校武术教材。此外，它还可以当作国内外武术组织和个人的一本案头资料。

　　本书分为五个单元，将太极推手竞赛技术当成教学重点，由浅入深，由表及里，循序渐进地展开知识。编写时我们压力很大，但幸得恩师赵大元先生，恩师牛胜先先生，刘国良先生（作者刘明亮之父），原北京市武术协会形意拳研究会会长邸国勇先生和原北京航空航天大学体育教研室副主任、资深武术专家邢登江先生的指导和大力支持，才顺利完成本书的编写，在此深表感谢。同时我们在编写本书时也得到了邯郸太极学院院长田金龙先生，陈式太极名家史详志先生，北京师范大学教授王建华老师，首都体育学院副教授叶伟老师、高晓光先生等众多武术家的关心和指导，在此对他们一并表示感谢。同时，要感谢的还有国际关系学院武术队队员刘丁、姜志诚、郑凯、商宇、肖越、袁考、常青、文健龙、钱龙、赵燕斌、张骁、常亮亮、张洵赫、梁辰、陈鑫、缪颖等。他们为本书的照片处理和文字修改等方面都做了不少工作。

由于编者水平有限，书中不足之处肯定不少，敬请广大读者和专家批评指正。让我们共同为太极拳的发展努力！

# 目 录

太极拳论 …………………………………………（1）

## 第一章　太极推手概貌 ………………………（3）

第一节　什么是太极推手 ……………………（4）

第二节　力 ……………………………………（5）

第三节　太极推手的运动特征 ………………（7）

第四节　太极推手的对抗属性 ………………（12）

第五节　太极推手的分类及衍化 ……………（12）

## 第二章　传统太极推手 …………………………（17）

第一节　太极推手十三势 ……………………（18）

第二节　太极推手的攻防转换 ………………（24）

第三节　桩步 …………………………………（27）

第四节　传统太极推手 ………………………（30）

## 第三章　太极竞技推手基础 ……………………（43）

第一节　场地规格 ……………………………（44）

第二节　推手运动员的选材 …………………（44）

第三节　太极竞技推手的预备势 ……………（46）

第四节　手型 …………………………………（47）

第五节　步型 …………………………………（48）

第六节　步法 …………………………………（51）

第七节　稳定性练习 …………………………（52）

第八节　化拿练习 ……………………………（59）

第九节　发劲练习 ……………………………（62）

第十节　体能练习 ……………………………（69）

第十一节　柔韧性练习 ………………………（79）

第十二节　防护练习 …………………………（81）

## 第四章　太极竞技推手实用技法 ……………（87）

第一节　传统太极推手的瓶颈 ………………（88）

第二节　推手理论与具体技术相结合 ………（89）

第三节　学以致用，融会贯通 ………………（92）

第四节　太极竞技推手的场地和时空感 ……（93）

第五节　单式技术 ……………………………（94）

第六节　代表性技术 …………………………（148）

## 第五章　太极竞技推手的竞赛 ………………（164）

第一节　太极竞技推手的技术范畴和要求 …（165）

第二节　太极竞技推手的比赛场地 …………（165）

第三节　推手训练中心理素质的培养 ………（167）

第四节　太极竞技推手的胜负因素 …………（170）

第五节　太极竞技推手运动员的比赛对策库 …（197）

第六节　太极竞技推手比赛的临场指导 ……（199）

第七节　太极竞技推手伤害事故的防控 ……（203）

第八节　太极竞技推手竞训安全管理 ………（213）

附录1：武术太极拳推手竞赛规则 …………… （215）

附录2：2015年首都高校第三届太极推手比赛规则
……………………………………………… （222）

附录3：推手比赛场地及功能 …………………… （230）

# 太极拳论

## 王宗岳

太极者,无极而生,动静之机,阴阳之母也。

动之则分,静之则合,无过不及,随曲就伸。人刚我柔谓之"走",我顺人背谓之"黏"。动急则急应,动缓则缓随,虽变化万端,而理唯一贯。由着熟而渐悟懂劲,由懂劲而阶及神明。然非用力之久,不能豁然贯通焉!

虚领顶劲,气沉丹田,不偏不倚,忽隐忽现,左重则左虚,右重则右杳,仰之则弥高,俯之则愈深,进之则愈长,退之则愈促,一羽不能加,蝇虫不能落,人不知我,我独知人,英雄所向无敌,盖皆由此而及也!

斯技旁门甚多,虽势有区别,概不外壮欺弱、慢让快耳!有力打无力,手慢让手快,是皆先天自然之能,非关学力而有为也!察"四两拨千斤"之句,显非力胜;观"耄耋能御众"之形,快何能为?立如平准,活似车轮。偏沉则随,双重则滞。每见数年纯功,不能运化者,率皆自为人制,双重之病未悟耳!欲避此病,须知阴阳;黏即是走,走即是黏;

---

王宗岳　明朝万历人,内家拳名家。精通拳法、剑法、枪法,研究数十年,颇有心得。一生著述颇多,有《阴把枪》《太极拳论》等传世。所著《太极拳谱》中之《太极拳论》,被视为太极拳经典理论。它语言简练,通俗易懂,描绘生动到位,朗朗上口,最受习者喜爱。反复揣摩自知其妙。

阴不离阳，阳不离阴；阴阳相济，方为懂劲。懂劲后愈练愈精，默识揣摩，渐至从心所欲。本是"舍己从人"，多误"舍近求远"。所谓"差之毫厘，谬之千里"，学者不可不详辨焉！是为论。

第一章　太极推手概貌

# 第一章　太极推手概貌

> **本章阅读提示：**
> 1. 太极拳的主要流派有哪些？
> 2. 什么是太极推手？
> 3. 什么是绝对力量？
> 4. 什么是"专项力量"？什么是肌肉记忆力？
> 5. 武术竞技分为"接触型对抗"与"非接触型对抗"，试论二者的区别？
> 6. 简谈太极推手的发展和推手的分类。
> 7. 太极推手哪一年成为国家正式比赛项目的？
> 8. 你如何理解"惜力如金，发力适时，借力使力，化不利为有利"与"以柔克刚，四两拨千斤"之间的关系？

## 总　论

我们为什么要练习太极推手？

俗话说"练拳不练功，到老一场空"，练习拳术的一个重要目的就是要进入它的实用阶段。太极拳是中国的一项古老拳术，是中国武术百花园中的一朵奇葩，其体用兼备，具有多种价值。太极推手则是太极拳的重要实用阶段。我们练习太极推手就是要从实用性角度出发去认识太极拳、掌握太极拳。只有

3

多角度、全方位地了解太极拳，才能加深我们对太极拳的认识，进而将优秀民族文化遗产推向世界。

长期习练太极推手可以锻炼中枢神经，提高大脑的反应速度和肢体协调性，改善心肺功能，起到强身自卫，延年益寿的作用。

太极推手兼具实战性、运动性、娱乐性，内涵丰富，以"推"代"打"，安全实用，不容易出现伤害事故，对抗强度可以自由调节，形式和方法简便易学，非常有推广价值，适合各阶层、不同年龄段的人士学习。

## 第一节　什么是太极推手

太极，蕴含了丰富的中国古代哲学思想，是先民智慧的结晶。太极拳将"天人合一"的哲学思想与拳术巧妙融合，有"哲拳"之美誉。它既以阴阳转换为基本指导思想，育示着矛盾双方生生不息、此消彼长、变化无端的运动规律，又以舍己从人、后发先至、以柔克刚、借力使力为应对之法。

据粗略考证，迄今为止，太极拳已经有几百年历史，主要分为陈式、杨式、吴式、孙式、武式五大流派，再详细划分还有赵堡太极拳、李式太极拳等流派。它与中国古代文化紧密结合，拳理互长，植根于文化又出离于文化。

太极推手是太极拳的重要实用阶段，概括地说，它是一种以太极拳理论为基础，限制拳打脚踢等伤害技术，在粘、连、黏、随的形式下，采取听、化、拿、发等技术，巧妙用"力"使对手跌扑或失去重心的运动。

推手过程中双方必须遵从"舍己从人，不丢不顶，粘连黏

随,以柔克刚"和"刚柔并济,后发先至,借力使力"的原则。不但禁止运用拳打脚踢等伤害手段,也忌搂抱、反关节和生拉硬拽。

## 第二节 力

依据"生生不息,此消彼长"的太极拳运动原理,推手对抗时强调"惜力如金,发力适时",力求"我顺人背,借力使力",消除和转换不利因素使之成为有利因素。

太极推手不同于散打,太极推手对"力"的理解和"用力"方法有自己的独特之处。在"用力"和抵御"外力"时强调"走化",在"走化"之中创造攻击对手的有利条件,并适时"发放"。

通俗地理解,就是以肢体接触确保双方的力量接触,并以此好条件改变对手来力的方向和角度,在有利于自己、不利于对手的情况发生时,及时发力将对方击出。

因此初习推手,必须从"懂劲"和"走劲"入手,逐步深入,练习竞赛推手尤其需要严格练功,不能违反竞赛训练的基本原则。我们先来理解一下几个常用的概念。

### 1. 力

物理上的力有大小、方向、速度。推手里说的力系指"人力",即推手的动能。人力有先天之力,亦有后天之能,是我们与生俱来具备的运动能力。必须先要搞清楚"人力",才能练好太极推手。

通俗意义上的"人力"包括三个方面：一是起点、方向、速度、作用点等；二是"量"的大小，即"力量"；三是"技"的含量，即方式、方法，指的是"技巧"，即力量背后隐藏的意图和技术。以上三者汇集在一起，即是武术上的劲力。

### 2. 绝对力量

绝对力量是人体的"本力"、"自然力"，指随着人体运动发育而自然具备的体力。这种未经专门培养的"绝对力量"因个体不同而差异明显。其显著缺点是"力量"与"用脑（即思维活动）"分离，因而阻滞肌群严重影响运动肌群的工作效率，半动关节与主动关节严重不协调。通俗地讲就是运动消耗大，过程单调，肢体僵硬不活（或者松散）。因为绝对力量有诸多缺点，不能直接运用于项目运动，因此有人叫它"死劲"、"僵劲"。

不过绝对力量是专项力量的基础，由于其可以独立于技术之外，所以可以单独训练和提高。

### 3. 专项力量

绝对力量是专项力量的基础，专项力量由绝对力量转化而来，武术中常讲的"劲力"和"整劲""爆发力"等就属于专项力量范畴。专项力量是在长期强化体育专项的基础上逐渐获得的有"技术""技巧"的力量。使运动员获得和提高专项力量是体育训练的重中之重，这就是武术中常说的"练功"。

专项力量是在"意图""意识"的支配下，重新建立肌肉骨骼用力关系的有技巧的力量，其显著特点是人脑思维积极参与运动过程，由"意识"支配运动并重新调配骨骼肌肉用力关系。这种支配分为"自主支配"和"应激支配"两种，经过长期反复训练优化神经链路，达到协调优化运动肌群、组织，减少阻滞肌群和半动关节的不利干扰，提高动作效率，增加输出功率的目的。

小脑是负责储存运动信息，指挥、协调骨骼和肌肉运动的器官。经过长期训练和刺激，小脑产生和储存大量运动信息之后，会将信息与运动高度结合，产生类似条件反射的运动反应。

专项力量训练过程中，因不断训练、强化中枢神经支配下的相关肌群和组织的协调能力而渐渐缩短反应时间的现象被称为"肌肉记忆力"。

不同的体育项目有不同的专项力量，例如拳击、举重、体操、摔跤、跳水等都有自己独特的专项力量。专项力量具有变化丰富，用力各部位之间协调性好，周身完整一气，效率高、消耗小等优点，是发展专项技术的重要基础。专项力量与专项技术很难截然分开，这一点在竞技体育领域表现得尤为突出。

太极推手要求运动员应当首先掌握的就是这种专项力量，即"劲力""活劲""整劲"。

综上所述，绝对力量是专项力量的前提，没有绝对力量就谈不上练习专项力量，因此在重视专项力量的同时绝对不能忽视绝对力量的练习。绝对力量的练习和专项力量的练习都是一个长期的过程，专项力量是对绝对力量的加工和提高，二者相互依存。

## 第三节　太极推手的运动特征

### 1. 用力

理解了"力"就不难理解"用力",太极推手对用力有很高的要求,只有掌握了科学的用力方法才能真正步入推手的殿堂。

用力就是用劲,就是为推手提供动能,将体内的"能"和"量"以力的形式释放出来。这种由"能"转变成"力"的过程就是用力。

推手"用力"除具备力学特征"起点、方向、大小"之外,还应该根据意图和时机的不同产生方法上的变化,因此,从这个意义上讲,用力就是用意,用力是用意的外在表现。

技巧上,推手强调意识对力量的支配,通过支配自己的力量来支配对方的力量,从而剥夺对方的意识支配能力。所以推手忌讳以力强求,讲究"螺旋走化,惊弹冷炸,刚柔相济";"惜力如金,借力使力,发力适时,化不利为有利"。因此,太极推手是一项力量与智慧高度结合的运动,练习推手应该实事求是,不要一味追求"四两拨千斤",或片面理解"以柔克刚"。在具体运用太极推手技术的时候不能教条化,不能生搬硬套。

用力的起点不仅指对方在我身上着力的起点,同时也指对方发起力量的原始部位。通过肢体确保力量接触率先判断力量的起点是抢得推手先机的要点,找到用力的根源部位有利于找到支点,从而使动作发生转折,改变其力量方向,牵

引对方重心。

需要明确强调的是,推手用力具备复杂的动态特征,虽然双方肢体接触,力量运用有明显的着力点,但真正发力的不一定就是接触点。这和子弹出膛,击发的不是枪管而是撞针是一个道理。比如,一个人采用"靠"的方法出击,但发力的部位往往是下肢和腰背,因此防守方一般采取限制对方腰背动作的方法预防对方发力靠打自己。

## 2. 听劲

推手攻防中,有经验的练习者,一般会通过接触点探察对方用力部位、大小、方向、节奏,从而判明对方意图、攻击时机、技术手段。不论大力还是小力,都有由小变大和传递的过程(爆发力也是如此),通过这个过程我们及时做出判断和反应,就是我们常说的"听劲"。

听劲是推手所有攻防的始端,听劲不但可以察明对方的"力",还能察明对方的"意",将对方的"意""力"了然于胸,必然有助于掌握推手的先机。

因此,练习听劲有助于我们理解 "粘、连、黏、随""不丢不顶"的意义,掌握推手主动权,发挥技术效能。可以说,听劲是万法之母。听得清才能化得开,化得开才能拿得住,拿得住才能打得准。

## 3. 化劲

化劲是听劲之后采取的措施,将对方的来劲化解开,使之不能作用到我身上。化劲是借力使力的开始，不是单纯的防守，化劲的最高境界是化危害为有利。

化劲的原始意思很容易理解，就是化解对方招势，缓冲对方力量的意思。但实际训练中这个环节最容易被忽略，导致化不开、生拉硬拽，因此教练应该让学员多做练习，体验到对方来力不仅仅是我"化"的对象，更是我"借（力）"的对象。有效地化开来力，为我所借（用），是推手的乐趣，也是推手练习的重点，不要只是满足于将对方的来力化为无害。

练习化劲最重要的一点就是听清判明对方的用力部位，然后"走化"，走化有化势和化劲两种。拳谚讲"引进落空"，实际上谈的也是"走化"，即听清对方的用力部位和方法，避开其锋芒，缓冲其力量，将对方劲力的主体部分或者支撑用力的肢体转折部分从防御的外围"让"进来，与我方劲力或身体交互作用（大多数是弧线运动）产生偏转（典型的为离心力、向心力、剪切力等）。（图1-1）

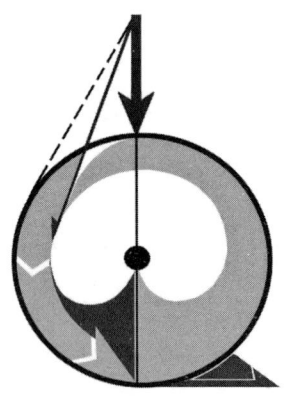

图1-1

## 4. 拿劲

拿劲是为发劲创造条件。拿劲要拿到合适的力点才能事半功倍,教学中,学生常为"拿不住,拿不准"而苦恼。

力点,顾名思义,力量的节点、支点的意思,在推手中有转折的意思。力量有大小和方向,在用力的方向上总会有一些点受到干扰力后能够影响和改变原来的方向和作用。但是推手中常常发生力的作用点和用力部位分离的现象,因此,拿劲也往往是指控制住其用力部位或起重要枢纽作用的关键部分。

例如一支箭矢,在它的头、中、尾段分别施力,箭头的飞行方向会产生不同的变化,拿劲的道理也是一样。

## 5. 发劲

发劲虽然是推手攻防的最后一个环节,但也是十分吃功夫的。"听得清,化得开,拿得住"的人,若是发之不去,则前功尽弃,皆因平时练功不够,缺乏功力。发放的方法很有讲究,既要发的时机准确,又要发的方法正确。

发力之前的准备很重要,平时训练时要在"化、拿"上下足功夫,确保能够转变双方态势,将对方置于我方打击的便利位置上,这样才能够使发力效果显著。

## 6. 一身备五弓

身体是劲力的发动机,是推手动能产生和输出的部分,那么这些劲力平时储存在哪里?如何运用呢?"一身备五弓"就

是对这些问题的解答，是内家拳术对劲力在体内积蓄方法和运用模式的描述，这种描述形象、生动、简洁。

"一身备五弓"不但说明了身体劲力的归属，而且道明了以"五弓"为核心的五大单元（运动系统）。依据"五弓"学说，人体由躯干、双臂、双腿构成，它们像弓一样积蓄、蕴藏着全身的运动能量和无穷无尽的变换方式。

五弓之劲是习练太极推手应该具备的基本素质，因此，运动员必须掌握五弓之劲的习练方法和运用技巧。

太极推手是我国古代武学家对世界人民做出的巨大贡献，是全人类的共同财富，受到了世界各地人民的普遍接受和喜爱。

太极推手以"因势利导，人我合一"的形式向世人昭示了无穷魅力，具有形式简便、实用性强、节省场地、节省经费、伤害事故少、技术含量丰富等众多优点。

长期习练太极推手不但可以提高练习者对太极拳套路的理解，加深其对中国传统文化的认识，还可以锻炼运动系统和中枢神经，改善心肺功能，提高肢体协调性和大脑的反应速度，起到强身自卫，延年益寿的作用。

## 第四节　太极推手的对抗属性

经过长期的发展，武术项目已经演化为对抗项目和表演项目两大类别共存的模式，根据对抗强度和对抗形式可将武术对抗项目划分为"接触性对抗"和"非接触性对抗"两种。

太极推手是典型的"接触性对抗"项目，与之相关的项目有摔跤、擒拿、柔道（日本）等。较典型的"非接触性对抗"

项目有散打、跆拳道（韩国）、拳击（西方）等。

所谓"接触性对抗"是指那些在对抗过程中大部分时间处于肢体接触状态下的对抗。"接触性对抗"的特点是双方肢体接触时间比较长，动能和势能比较大而冲量相对较小，对抗过程中较多利用彼此身体产生的动能和势能施展技术，作用力时间相对较长，有时伴有力点转移现象，伤害事故少。

所谓"非接触性对抗"是指那些在对抗过程中大部分时间处于肢体不接触状态下的对抗。"非接触性对抗"的特点是双方肢体接触时间较短，速度快、冲量大，作用力时间短，力点比较集中，容易出现伤害事故。

## 第五节　太极推手的分类及衍化

如今，太极推手已经演化为"传统太极推手"和"太极竞技推手"两种。

### 1. 传统太极推手

"传统太极推手"也可称为"古典太极推手"，分为"文推"和"武推"。"文推"互不伤害，以验证武学为目的，较常见；"武推"较为凶狠，以制敌取胜为目的，发力和擒拿动作较多，平时运用较少。

太极推手俗称"打手""搋手"，也有叫"角抵"或"乱采花"的。除了太极拳以外，有些拳种也有推手，例如大成拳（意拳）等，故推手也有"操手""试力""拆手"等别称。

传统推手有时有套路或固定的程式，对抗强度可随意调

节、低强度练习时有很好的养生、健身价值。对场地大小、地面质量也没有过高要求，形式简单，没有严格的禁击条件和禁击手法，比武时双方虽然都以"推"为主，但也不反对使用打、拿、跌、绊、点穴等方法。"定步推手"和"活步推手"是最常见的"传统太极推手"。

### 2. 太极竞技推手

20世纪80年代，中国开始有了推手比赛试验，进而确立了正式的全国推手比赛，从此彻底改变了推手的面貌，"太极竞技推手"应运而生。

"太极竞技推手"也叫"竞技太极推手"，是从"传统太极推手"中发展而来的新兴比赛项目。

由于"太极竞技推手"比赛对技术元素有所规定，因此给了教练员和运动员去粗取精的空间，同时也给了推手项目与其他项目互相渗透的机会。可以说，虽然"太极竞技推手"的指导思想来自于"传统太极推手"，但有些招式方法又受益于其他项目。这就对"太极竞技推手"运动员提出了更高的要求——练习"太极竞技推手"不但要有比较深入扎实的太极推手理论修养、技术基础，更要有非常开阔的竞技技术视野。

"太极竞技推手"虽然出现较晚，但发展较快，具有运动性强、实用性好、安全性高、观赏性佳的特点。"太极竞技推手"不断在实践中发展，有相对完整的选材标准、训练方法和比赛机制。与"传统太极推手"相比，太极竞技推手具有动作简化程度高、对抗强度大、有明确的比赛规则和禁击条件等特点。

## 3. 太极推手的衍化

太极推手是随着太极拳的出现而出现的，相传由清初陈王廷融汇武术精义创编而成，其《拳经总歌》云"纵放屈伸人莫知，诸靠缠绕我皆依"，描绘了推手时"螺旋用劲，粘随不脱，不丢不顶，引进落空，边化边打"的情境。

推手有几百年的历史，在相当长的一段时期内，太极推手只是作为一种验证武学的练习方法，是断手（散手）之前的一个练习过程。因为这种方法安全性高，既能验证武学又能分清胜负，还有一定的娱乐性，所以被越来越多的人接受，这种比武形式也渐渐被固定下来，有了相对完整的理论体系，流传也越来越广。双方皆须在"粘、连、黏、随"的条件下，采用"掤、捋、挤、按、採、挒、肘、靠"的方法互相攻防。有关推手著作、歌谣浩如烟海，推手名家、大师更是举不胜举。明朝万历年间山西人王宗岳，19世纪末河北永年武禹襄、李亦畬，民国时期孙禄堂等纷纷著书立说。

由于太极推手功法深奥，不易理解和掌握，因而社会上确实存在一些将太极拳和太极推手"神秘化"、曲解前人的潜流。

随着太极拳的发展，推手也很快走上了竞技体育的道路。1962 年国家体委武术处曾在上海试验推行太极推手比赛，并尝试制定规则。到 1964 年为止，上海体育馆共举行过 7 次推手友谊赛。1978 年秋冬两季，在上海徐汇区体育场举行了两次推手比赛，并试行和修订了规则。20 世纪 70 年代后期，随着中国武术事业的深入发展，推手比赛试验也有了一定发展，为继承和发展武术的技击属性，国家体委决定开展对抗性武术项目，太极推手被列入发展计划。在"积极稳妥"的原则指导下，国家体委首先委托北京体院、武汉体院以及上海、浙江、黑龙江等省（市）体委对对抗性项目进行研究、整理、试验。自1979年至1981年，分别在南宁、太原、沈阳召开的全国武术观摩交流大会上进行的太极推手表演赛，为正式比赛积累了经验。1982年，国家体委两次邀请全国各地有推手实战经验的武术工作者赴京，制定太极推手的暂行规则及裁判法初稿。20世纪80年代初，在国家体委重要领导的支持下，通过张山、李天骥、李秉慈等一批武术工作者们的艰苦努力，1982年11月首届全国武术对抗项目——"散打、太极推手表演赛"在北京举行。之后1983年5月在南京、1984年5月在潍坊、1985年6月在太原、1986年9月在潍坊、1987年9月在哈尔滨、1988年9月在兰州，相继举办了全国太极推手比赛。1989年7月在昆明、1990年8月在西宁、1991年7月在北京、1992年7月在锦州、1993年4月在漳州、1995年7月在宁波，连续举行了"太极拳、剑及推手比赛"。1994年6月，首届"全国太极拳、剑及太极推手锦标赛"在北京举行，并首次设立了女子推手项目。2000年，中央电视台首次实况转播"全国太极拳剑、推手比赛"。2004年前后，河南省成功地将太极推手比赛介绍给世界人民，举办了"国际太极推手年会"。广大太极推手爱好者们终于有了一块交流技艺、提高认识的阵地。不但如此，有关部门还多次举办推手研讨会，认真听取各方意见，谨慎调整规则。1991年在《暂行竞赛规则》修改完善并经国家体委审定后，《太极推手竞赛规则》正式颁布。1992年在山东济南首次召开"全国推手观摩交流研讨会"，1993年在浙江杭州举行了第二次"全国推手观摩交流会"。在新的形势下，为了更好更健康地发展太极推手，2010年1月12日至15日，国家体育总局武术管理中心在北京召开了"全

# 第一章 太极推手概貌

国太极推手调研赛暨研讨会"，徐伟军、张有峰、张希贵、李恩久、田金龙、刘伟、严国兴、陈冲、陈忠和、於世海、林文涛、崔仲三、崔瑞彬等领导和专家齐聚北京。此次调研赛暨研讨会旨在通过各省市优秀运动员实地交流和全国各流派名师的现场观摩与研究讨论，进一步完善比赛规则，提高太极推手运动水平。

推手已经开始走向世界，许多国家和地区也在进行太极推手比赛方面的有益探索，如英国、美国和我国的香港、台湾地区等。我们有理由相信将来一定会形成一个太极推手比赛的世界性格局。天下推手汇一家，太极推手必定会为增进世界各国人民的友谊起到更大更好的作用。

# 第二章　传统太极推手

> ☞ **本章阅读提示：**
> 1. 什么是传统（古典）太极推手？
> 2. 太极推手十三势包括哪些内容？
> 3. 推手中的掤、捋、挤、按、採、挒、肘、靠与套路有何区别？
> 4. 太极推手中的"粘、连、黏、随"与"听、化、拿、发"所代表的攻防意义是什么？
> 5. 如何理解"听劲"和"问劲"？
> 6. 推手中桩步的作用是什么？
> 7. 什么是推手中的单式？
> 8. 什么是推手的组合？
> 9. 请结合传统太极推手的特点谈谈自身体会。

## 总　论

传统太极推手有"文推"和"武推"之别，"文推"以柔克刚，互不伤害；"武推"顺势而发，当仁不让。传统太极推手的研究领域比较宽泛，在技术方法上也没有特别明确的限制。广义地说，传统太极推手百家纷呈，理论上几乎涉及了武术理论的所有领域，技术上几乎包括了武术方法的全

## 第二章 传统太极推手

部内容。

传统太极推手是竞技太极推手的土壤，为竞技太极推手提出了基本的运动要求，明确了太极推手理论的发展方向和技术范畴，提供了大量可供实践的素材。学习传统太极推手是为了更好地掌握竞技太极推手技术，提高运动水平。绝不能舍本逐末，置传统太极推手于不顾，片面追求竞技效果。

## 第一节 太极推手十三势

太极推手十三势者，"掤、捋、挤、按、採、挒、肘、靠、进、退、顾、盼、定"也，简言之，这十三个字是前人对太极推手技术体系的最高总结。这十三个字直到今天也对太极推手具有重要的指导意义，但是随着太极推手作为一项比赛项目的产生，在几十年的擂台争霸之中，其理论和技法出现了新的延伸。

其中"掤、捋、挤、按、採、挒、肘、靠"这八个字代表了太极推手特点的常用劲力方法，称为"太极八法"，是学习太极推手必须要掌握的核心内容。

简要释义如下。

### 1. 掤

简略地说，肢体向前向外之意为"掤"。实际上，"掤"是一种临界的中间状态的劲，蓄藏着各种变化的可能，练习推手不能须臾离开此劲。"掤劲"是八法之本。（图2-1）

图 2-1

静止状态时,"掤"由松而来,必须中定,此时的中定为一种临界状态,周身放松,意力合一,如有接触,掤劲即变为动劲,大小、方向与对方成比例,能达到新的平衡即可。前出易为人所察,后出易为人所制,意守临界,是为掤。

太极推手中的劲,时时刻刻处于运动之中,"静止"是一种特殊的运动,"掤劲"即是一种静中寓动的劲力。与其说"掤"是一种用力方法,不如说它是一种肢体状态更贴切。推手时周身处处皆存"掤"力,"掤"的状态普遍存在于推手的各个时段、手法之中,"掤"贯穿于推手过程的始终。

## 2. 捋

"捋"是"掤"劲的变换,向后、向侧之劲为"捋","捋"需屈中找。"捋"要饱满、连贯、圆活,即便有进退也不能失去中定。周身松沉贯注,意力向侧、向后运化。"捋"不饱满则易犯"故弄伸缩之病"为人所乘。(图 2-2)

## 第二章 传统太极推手

图 2-2

## 3. 挤

"挤"也是由掤变化而来，发力于小臂外侧。（图 2-3）

"挤"须紧凑，惊弹、中定，周身沉稳。"挤"的概念比较好理解，但教学中学生容易急躁，常犯生硬、过分前出之病。

图 2-3

### 4. 按

以掌前出，由虚变实为"按"。（图2-4）

以实击虚是"按"的关键，探察出对方虚实或者有了我顺人背之态，均可施用"按劲"。忌不问虚实而盲目前出。

图2-4

### 5. 採

下挫之意为"採"。"採劲"沉似山岳，掠抖发力，如雷霆万钧。（图2-5）

初学者易急于发力，应该注意在走化的基础上，下採方有实效。

图2-5

## 6. 挒

"挒"实际是一种剪切力。越过彼力的稍端,直接在对方的中节或根节部引化分挫发力为"挒"。(图2-6)

图 2-6

## 7. 肘

贴身柔化,引进落空,以肘代手避实击虚为"肘劲"。(图2-7)

距离角度不当,不得势或未分虚实即施以"肘劲",是初学者常犯的毛病。

图 2-7

## 8. 靠

引化开"来力"之后,腰腿发力。以肩部靠打对方重心为"靠"。由于动作紧凑,实战中靠打经常让对方猝不及防(图 2-8)

"靠"须避实击虚,不可生拉硬拽。

图 2-8

## 9. 进、退、定

"进""退""定"指的是位移，是对身法、步法提出的总要求，不仅指动作，也泛指意念和想法。不管"进""退"还是"定"，都不是纯粹的纵向运动，皆有迂回之准备，这对于施展技术、发挥体能至关重要，不可望文生义，生搬硬套。

## 10. 顾、盼

推手系接触性项目，双方既对抗又共存。"顾""盼"系观察判断对手，是眼、脑的运动，是敏锐观察水平上的快速思维活动。

以上十三势是太极推手用意、用力的基本原则，是各种动作的基本要素，不是简单的几种动作或招式。学生应在教练员的指导下认真揣摩，掌握特点，不断深入。

"八法"是学习的重点，由八法渐渐掌握"听""化""拿""发"。化要化得开，拿要拿得住。初习不可急躁，气力宜松沉、饱满，运式宜"粘""连""黏""随"。意力相合，不丢不顶，势随劲动，劲跟意走，舍己从人，如此才能向高级阶段发展。

# 第二节　太极推手的攻防转换

## 1. 粘、连、黏、随

太极推手十三势高度概括了推手的主要劲法、技法、取意，但仅凭这些还不能完全掌握推手。

推手是接触性对抗项目，大多数时候双方肢体和气力是融合在一起的，你中有我，我中有你。只有通过"粘、连、黏、随"通过双方肢体将力量尽量融合成一个整体，才能最大限度地发挥接触性项目的技术特色。

这种将双方紧紧融合在一起的力，既不属于自身，也不属于对手，是双方共有的，叫做共力。不管共力是大还是小，都是处于中间状态的，它变化莫测。谁先从中探寻出对方虚实，谁就有可能控制这个"共力"，掌握主动权，太极推手的各种技术方法也就有了真正的用武之地。只有通过"粘、连、黏、随"的方法才能通过双方肢体将力量尽量融合成一个整体，产生共力。

推手高手能够自如地通过问劲将自己的力量和意志融入到对方的力量之中并控制（拿劲）这种共力。

"粘、连、黏、随"是用来产生这种共力的，"掤""捋""挤""按""採""挒""肘""靠"是用来驾驭和控制这种共力的。

"粘、连、黏、随"是一种中间状态，既不表示必然的防守，也不表示必然的进攻，仅仅表示一种融入和诱导。虽然"粘、连、黏、随"有一定的防守意义，但绝对不是被动的接受，更多情况下，它是指一种积极不断的融入和试探，一旦条件成熟，机会来临，它就会瞬间转化为进攻。"粘、连、黏、随"是进攻之前的试探和准备。

俗话说"大道无为"，无为不是消极，而是不人为地改变规律，是为了更好地利用规律，这样，推手时才能做到"人不知我，我独知人"。此中妙处长期实践后自有所得。

同理，物极必反，力量一旦用到极限就必然向着被动方面

转化，所谓"粘、连、黏、随"，捕捉和洞察的也正是这一时刻。

## 2. 听、化、拿、发

"听、化、拿、发"是太极推手的连续攻防要领。听要听得清，化要化得开，拿要拿得住，发要发得准。

"听"是"化、拿"的前提，"发"是"化"和"拿"的结果。竞技推手不但要善于捕捉进攻时机，而且要善于积极创造时机，不能消极等待，因此"听"也包括了"问"。

"听"也叫"听劲"，是从用耳朵听声、辨音之意转化过来的概念，由此可以引申出"问劲"。"听劲"和"问劲"是对立统一的两个方面，本质上两者之间没有截然的区别，都是融入对方劲力，试探对手虚实的方法。

听劲不是被动地"接受"，而是主动地去"融入"、"探察"，这个过程是连续性的、全方位的，感觉并融入对方的意图、劲道、方向、大小、速度、部位、时机、方法等，进而决定对策。

"化"直白地讲是"引导、转化"之意，即让对方来力不能作用于我身，或不产生危害。引申一步讲，"化"是思考，是选择，是铺垫。有什么样的走化就会有什么样的拿法，进而也就有什么样的发放。

"拿"不是消极的控制、限制，而是造"顺势"之意，是"化"的顺接动作，透过对方的力量、节点，迫使对方重心不能自制，呈"我顺人背"之势。

"化"和"拿"应当高度协调，一气呵成。"化"是为了"拿"，化对手的顺势为背势，"拿"是"化"的结果。

"化"与"拿"为顺接关系,能"化"就"拿",不能"拿"就"化"。

"发"是发放、发劲或发招的意思。"发"要时机准,方法得当,张弛有度。所谓"惜力如金,发力适时"就是这个意思。

对于初学者,需要专门提醒的是,不要因一时势顺就忘记了攻防的转换规律。须知"强弩之末,力不能入鲁缟",到了"势穷"之时,挨打的恐怕就是自己了。"前势刚尽,后势未到"时是最空虚之时。

总之,"听、化、拿、发"表示了太极推手的一套完整攻防原则。"听"或"问"是全部攻防过程的开端;"化"和"拿"是"听"的顺接反应;"发"是整个攻防动作的结束,"借力而发""顺势鼓劲"。

本节,我们学习了8个字:"粘、连、黏、随","听、化、拿、发"。这8个字是推手十三势的具体实践。

## 第三节 桩 步

练习桩步有两个目的:一是为了加强腿部力量,使周身变得松沉通透;二是为了提高调控能力,加强身体的稳定性,脚下有根基。

### 1. 无极桩

两腿自然分开,与肩同宽,双脚平行站立;膝微屈,敛臀。上体自然竖直,下颌微收,虚领顶劲;双臂前伸环抱,高

与胸齐，肘略低于腕，掌心向内，腋下、手心含空，眼睛平视；松胸实腹，逆腹式呼吸。（图 2-9、图 2-9 附图）

图 2-9 　　　　　　　图 2-9 附图

动作要点：身体中正，呼吸顺畅，以意行气，丹田沉实，周身自然。

易犯错误：周身松软，挺胸翘臀，身体歪斜，呼吸不畅，力量僵滞。

## 2. 三体桩

双腿前后开立，下蹲；前脚脚尖向前，后脚脚尖外展，大腿自然分开，重心偏于后腿，圆裆敛臀；松腰直背，下颌微收，眼睛平视；左掌向胸前撑出，掌心向前，座腕，手指向上；右掌坐腕，手指向上，虎口贴紧小腹。松胸实腹，逆腹式呼吸。（图 2-10）

图 2-10

动作要点：立身中正，双腿间留有合理宽度，呼吸顺畅，以意行气，丹田沉实，肩与胯合，肘与膝合，手与脚合。前手用意向前，后手用意向后，挣、拧、裹、抱，周身完整一气。

易犯错误：立身不正，双腿之间宽度太大或太小，上体歪斜，没有沉肩坠肘，耸肩。

### 3. 偏马桩

双手叉腰，两腿马步跨立，半蹲，重心偏于右腿，大腿接近水平，圆裆敛臀；上体自然竖直，虚领顶劲，下颌微收；眼睛平视。空胸实腹，采用逆腹式呼吸。（图 2-11）

图 2-11

动作要点：立身中正，呼吸顺畅，以意行气，气充丹田，周身松沉自然。

易犯错误：重心过高或过低，翘臀，夹裆，胸部憋气。

## 第四节　传统太极推手

### 1. 预备势

预备势也叫反搭手势。

①甲乙双方相向并步直立，间距两臂距离；顶头竖项，舒胸直背，松肩垂肘；眼睛平视，呼吸自然。（图 2-12）

动作要点：双方平视，注意对方中门，体松心静，双肩放平。

易犯错误：注意力不集中，身体过紧或者过松。

②甲乙双方双手握拳前平举，拳面互相接触，体松静，目对视。（图 2-13）

图 2-12　　　　　　　图 2-13

动作要点：双手不可用力，以自然放松为准。

易犯错误：双拳太紧，手臂僵硬，注意力不集中。

③甲乙双方各自向左转体45°，相向上右步，屈蹲，成三体式步型；右臂腕部相交，左手成掌搭于对方肘关节处；松肩屈臂，腋下虚空，敛臀圆裆，松胸实腹，松腰松胯，眼睛平视，精神集中。此动作俗称"搭手"。（图2-14）

图2-14

动作要点：沉肩坠肘，手臂撑圆，松活，注意力集中，松裆裹胯，身体微压迫对方。

易犯错误：耸肩，手臂松软无力或太僵硬，夹裆挺胸。

## 2. 单推手

单推手又叫"单手轮"，是太极拳的传统练法之一，易学易练，是引领初学者入门的好方法。单推手是"听"、

"化"劲的入门基础，练习它的主要目的是为了初步掌握"不丢不顶""粘连黏随"的基本技术，是推手诸多技术的入门砖。

① 甲乙双方各自前出右脚，脚内侧相对，重心下降成三体式站立，目对视；甲乙双方各自出右臂经胸前向前掤出，手腕交叉接触，掌心向里，手心含空，臂呈弧形。屈臂沉肘，腋下虚空，松胸实腹，松腰松胯，眼睛平视，精神集中。（图2-15）

图 2-15

动作要点：接手时沉肩坠肘，手臂撑圆，两人手腕相交，停于中轴线中段。松胸坐胯。

易犯错误：手臂生硬或绵软无力，两人交叠手掌。

② 乙方（深色服装者）重心前移成弓步，手心向前，推按甲方（浅色服装者）胸部；甲方重心微微后坐，屈臂掤住乙方右掌，掌心向里。（图2-16）

图 2-16

动作要点：乙方一边重心前移，一边翻掌推按甲方，力量要由无到有，由小变大，路线要直。沉肩坠肘，平肩沉胯。

甲方平肩沉胯，手臂撑圆，掌心向里，随着乙方力量的加大渐渐增加掤劲，重心渐渐向后退却。

易犯错误：乙方急于用力，不跟甲方配合；甲方对顶乙方来力，或者手臂松软，没有防守。

③上动不停。甲方腰右转，右掌随势掌心外翻，借力向身体右侧引化乙方力量，呈捋劲。乙方就势松腰松胯，沉肩松掌，走化甲方捋劲。（图2-17）

图2-17

动作要点：甲方接实乙方来力后，腰部外旋并向外旋腕，将乙方力量引向体侧，乙方力量渐渐收住并放松，身体中正。

易犯错误：甲方生硬拖拉乙方，乙方重心过于向前，不能收劲放松。

④上动不停。甲方随势腰略左转,重心前移成弓步,顺中门推按乙方前胸;乙方就势成三体式站立,屈臂掤住甲方右手,掌心向里。(图2-18)

动作要点:甲方推按乙方时,力量要由小渐大,路线要直。乙方随着甲方力量的变化运用掤劲,重心渐渐后移。

图2-18

易犯错误:甲方推按的线路不直,乙方与甲方对顶,不能在退让中运用掤劲。

⑤上动不停。乙方借势,重心微微后坐,向右侧引化甲方力量,呈捋劲。甲方就势松腰松胯,沉肩松掌,走化乙方捋劲。(图2-19)

图2-19

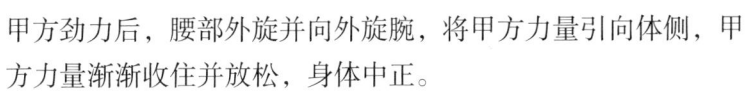

动作要点:乙方接实甲方劲力后,腰部外旋并向外旋腕,将甲方力量引向体侧,甲方力量渐渐收住并放松,身体中正。

易犯错误:乙方生硬拖拉甲方,甲方重心过于向前,不能收劲放松。

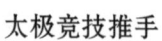

⑥上动不停。乙方趁势腰略左旋,掤住甲方右臂;甲方屈臂掤住乙方右掌,掌心向里,手腕相交。(图2-20)

图 2-20

以上各动,周而复始,按序而动。

## 3. 折叠单推手

①甲乙双方上前一步,虚蹲,右臂伸出搭腕,掌心向里,眼睛平视。左手成掌,撑于胯侧。(图2-21)

动作要点:双方接手时需沉肩坠肘,手臂撑圆,手腕相交,停于中轴线中段,松胸坐胯。

图 2-21

第二章 传统太极推手

易犯错误：手臂生硬或绵软无力，两人交叠手掌。

②乙方重心前移成弓步并推按甲方胸部；甲方顺势粘住乙方，重心后坐，腰略右转，以手背向右、向下引化乙方。（图2-22）

图2-22

动作要点：甲方随着乙方的进迫渐渐后退，同时腰手相随，向下引化乙方力量，不可主观生硬。乙方随着甲方的引化，渐渐收住劲改为平抹，双方身体中正。

易犯错误：双方腰手不合，生拉硬扯，乙方不能变劲。

③上动不停。乙方随势松腰松胯，沉肩，将劲力转换为掤挑之劲，向甲方胸部进攻；甲方顺势调腰，将乙方之力掤住，引化。（图2-23）

图2-23

动作要点：甲方趁乙方收劲未尽时，叠肘旋腰，将对方平抹之力向上引化。

易犯错误：甲方断劲，腰手不合。

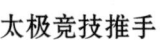

④上动不停。甲方重心前移,右掌推按乙方胸部;乙方掤住甲手,重心后坐,粘住甲方手臂,将甲方劲力向右、向下化出。(图2-24)

动作要点:甲方乘势,向前推按乙方,乙方重心渐渐后退,腰手相随,将甲方来力引向体侧下方。

易犯错误:双方腰手不合,生拉硬扯,甲方不能变劲。

⑤上动不停。甲方随势松腰松胯,沉肩,将劲力转换为掤挑之劲,向乙方胸部进攻;乙方顺势调腰,将甲方之力掤住,引化。(图2-25)

动作要点:乙方趁甲方收力未尽时,叠肘旋腰,将甲方平抹之力向上引化。

易犯错误:乙方断劲,腰手不合。

以上各动,周而复始,按序而动。

图2-24

图2-25

## 4. 双推手

双推手也叫"双手轮",较单推手复杂得多,是练习传统太极推手的重点。双推手可以有多种练法,常见的有顺步双推手、拗步双推手、进步双推手、退步双推手等。

①甲乙双方各向前出右脚成预备势站立;右臂腕部相交,左手成掌按于对方肘关节处;松肩屈臂,腋下虚空,敛臀圆裆,松胸实腹,松腰松胯,眼睛平视,精神集中。(图 2-26)

图 2-26

动作要点:双方搭手时,需沉肩坠肘,手臂撑圆,手腕相交,停于中轴线中段,松胸坐胯。

易犯错误:双方手臂生硬或绵软无力,两人交叠手掌或未看管对方肘部。

②乙方重心前移成右弓步,左手按于右腕部助力前挤;甲方沉肘屈臂,按住乙方腕关节和肘关节。(图 2-27)

图 2-27

动作要点：乙方前挤时，甲方按住乙方手腕和肘关节，撑圆，重心随势而退。随势拿住乙方劲力。

易犯错误：甲方后退太多或太少，或者手臂没有撑圆，导致不能拿住乙方来劲。

③上动不停。甲方重心后坐借势向右转腰，将乙方来劲向身体右侧引化；乙方沉肩，松右臂，顺势跟进，化开甲方劲力。（图 2-28）

图 2-28

动作要点：甲方腰手相随，折叠圈化乙方劲力；乙方随势松腰变劲。

易犯错误：双方只有招式上的变化，没有劲力变化。

④上动不停。甲方向左调腰，重心前移成右弓步并借势向乙方胸部打挤；乙方松腰沉肘，按乙对方腕部和肘关节。（图2-29）

图2-29

动作要点：甲方重心前移，前挤乙方。乙方按住甲方手腕和肘关节，撑圆，重心随势而退。随势拿住甲方劲力。

易犯错误：乙方后退太多或太少，或者手臂没有撑圆，导致不能拿住甲方来劲。

⑤上动不停。乙方重心后坐，顺势向右调腰，双手分别搭按于甲方腕肘部位，向身体右侧引化甲方来劲；甲方沉肩松臂，化解乙方劲力。（图2-30）

图 2-30

动作要点：乙方腰手相随，折叠圈化甲方劲力；甲方随势松腰变劲。

易犯错误：双方只有招式上的变化，没有劲力变化。

⑥上动不停。乙方向左调腰，借势将甲方来劲掤起于胸前。（图 2-31）

图 2-31

动作要点：双方需沉肩坠肘，手臂撑圆，手腕相交于中轴线中段，松胸坐胯。

易犯错误：双方手臂生硬或绵软无力，双方交叠手掌或未看管对方肘部。

以上各动，周而复始，按序而动，反手轮动作要求与正手轮相同，唯动作方向相反。

# 第三章　太极竞技推手基础

> ☞ **本章阅读提示：**
> 1. 请简单描述推手比赛场地规格。
> 2. 试论推手运动员选材条件。
> 3. 结合自己的体会，谈一谈为什么练习太极推手时要"敛臀"。
> 4. 请小议"松腰松胯"的作用，"松"与"懈"有何区别？
> 5. 试论"抡腰""转腰"与"变腰"之间的差别。

## 总　论

太极竞技推手，是在传统太极推手基础上演变过来的，它验证和发展了传统太极推手，继承和发扬了传统太极推手中的经典，限制了传统太极推手中容易对人体造成伤害的部分，有比较明确的比赛规则和技术体系。

太极竞技推手萌芽于二十世纪六七十年代，发端于20世纪80年代初，定型于20世纪90年代中期，目前还很不成熟。历经20余年，经过几代武术教练员、运动员及其他工作者的大胆实践，取得了喜人成果，形成了今天赛场上大家见到的太极竞技推手。

第三章　太极竞技推手基础

较之过去，太极竞技推手理论和竞赛体系已经得到了极大的丰富，有了相对完整的选材、教学、训练、竞赛机制。太极竞技推手有非常广阔的发展空间，随着人们对推手研究的逐步深入，其未来必将有更大、更新、更科学的发展。

## 第一节　场地规格

太极竞技推手比赛场地呈圆形，直径 6 米，地面经过缓冲处理，以保护倒地者不受伤害。具体场地条件请参看附录一《太极推手竞赛规则》。（图 3-1）

比赛场地经过 2 米、4 米试点之后，最终确定为直径 6 米的圆形场地。全国太极推手比赛延用到 2002 年，像北京等省市延用到 2015 年。2002 年以后，各地方出现了不同的场地规格，但无一例外都参考了直径 6 米圆形场地的规格。

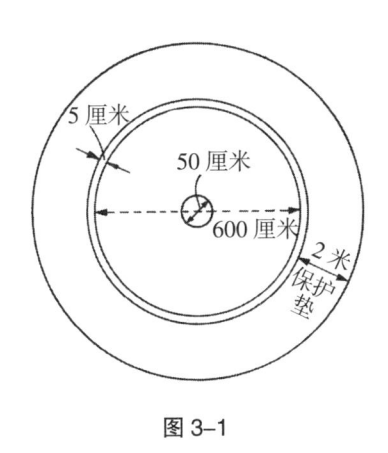

图 3-1

## 第二节　推手运动员的选材

太极竞技推手属于接触性比赛项目，对运动员有一定选材标准。这里所说的运动员选材标准只是通常意义上的选材，并

45

不包括特殊情况下对人才的考核。

推手运动员选材包括心智和形质两个方面，具体指标有：形体、体质、心智、品格。

## 1. 形体

体形宽厚结实，呈倒三角形，肌肉发达有力，脂肪少，骨骼大，四围饱满（胸围、腹围、臂围、腿围）。发育良好，肌群发达有力，脊柱正直，颈部结实，跟腱粗壮，身体各部没有畸形（如平足）。这种类型的人发展潜力很大，是理想的选材对象。

## 2. 体质

反应快速，爆发力强，肺活量高。平衡性强，动作协调，柔韧性好，两腿开度大。脑、心、肺等脏器无病变。

## 3. 心智

善于模仿，领悟力强，身脑和谐。自控力强，专注度高。复杂情态下思路清晰，抗压力强，不受干扰。无心理病史。神经类型以活泼型和兴奋型为宜。

## 4. 品格

有大局观，品格端正，积极向上，有体育道德，不保守，肯服从。

除上述要求外，教练员选材时还应注意受选人员的运动史和损伤性病史。

## 第三节 太极竞技推手的预备势

预备势，俗称"搭手式"，亦称"搭手"，是推手比赛开始前的准备姿势。左手在前为"左搭手式"，右手在前为"右搭手式"。

甲方右脚上前一步成右三体步站立，右臂前出呈弧形，与乙方右腕相交，用前臂护住胸口，手心向内，拇指向上。左臂搭按住乙方右肘关节。乙方动作与甲方对称。（图3-2）

图 3-2

动作要点：身体松静，劲力饱满含蓄，松肩、撑腋、沉肘、实精神。头上顶，下颌微收，眼睛平视。

易犯错误：双方不感受对方劲力，机械对顶，重心浮躁，手臂轻飘；双臂交叠的位置不对。

## 第四节 手 型

太极推手比赛以"推"为主，故主要手型为"掌"，"钩"等手型为辅助手型，禁止用"拳"。

### 1. 掌

"掌"是推手项目中最常使用的手型，四指自然分开，虎口撑张，掌心合拢，座腕，掌根沉稳，蓄力，前臂放松。常见的手法有：推、按、捋、扑（撞）等。（图3-3）

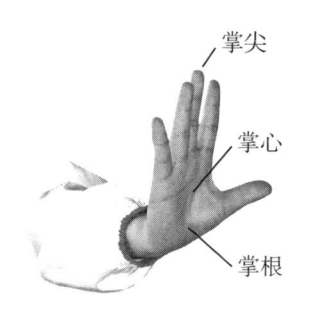

图3-3

### 2. 勾

虎口合拢，掌心含空，整个手掌连同四指，向前臂内侧圈拢，蓄力。（图3-4）

"勾"是推手中重要的辅助手型，多用于搬移、牵引对方肢体。常见的手法有搂、挂、抓、握、扣、拉等。

使用中只要方法正确，不必拘泥于教学示范手型。

图3-4

## 第五节 步 型

步型是步法的开始或结束,是力量的传输和承载者,更是身体重心的根基,因此练习者必须十分重视。通过步型的变换可以延长手法的控制半径,转换和衔接劲力。

### 1. 三体步

"三体步"因与形意拳"三体式"下盘姿势相同而得名,也称"虚蹲步"。双脚前后开立,全脚掌着地;前脚尖向前,后脚尖外展;两腿屈蹲,重心置于两腿正中。双脚左右间距合理,腰部直立,敛臀,后腿保持弹性。(图3-5)

图3-5

根据需要,"三体步"重心可以偏前或偏后。

## 2. 横裆步

"横裆步"亦称"马步"。双脚左右开立，脚尖内扣，两腿屈蹲，重心置于两腿正中。双脚允许有合理纵向间距。腰部直立，保持弹性，撑裆、敛臀、实腹。（图3-6）

图 3-6

"横裆步"根据实战情况可变化为"偏马步"和"半马步"。

## 3. 弓步

重心下降，两腿屈蹲，重心置于双腿之间。前腿膝关节弓出，大腿接近水平，后腿伸展，后脚踩地，膝关节保持弹性。（图3-7）

图 3-7

## 4. 虚步

"虚步"一般作为过渡步型采用。两腿虚蹲，重心置于后脚，前腿脚跟接地。（图 3-8）

图 3-8

## 5. 后插步

"后插步"通常也作为过渡步型采用。两腿虚蹲，重心置于前腿，后脚以前脚掌踩地。（图 3-9）

"盖步"与此类似不单独赘述。

图 3-9

## 第六节　步　法

太极竞技推手的步法有许多种，总体上讲不外乎"前进""后退""左右移动"和"弧形移动"四类。

步法是重心和力量的运输工具，是身体动能输出的重要方式，也是技术组合的重要组成部分。通过步法移动和变换，不但可以扩大劲力的控制半径，还可以起到利用场地空间换取技术空间，改变相对体位，争取技术优势的作用。

步法练习，必须动作协调，重心平稳。步型、步法、技术动作高度一致，移动后体态不宜变形。以下选择几种常用步法进行教学，除所述教学步法外，其他步法还有"插步""转步""擦步""碾步""崩步""跃步""击步""盖步""独立步"等。

### 1. 进步

亦称"跟步"或"槐虫步"。

双脚成右开立步。左脚蹬地，右脚向前迈出，左脚随即跟进。双脚全脚掌站立，双膝保持弹性。立腰、敛臀、实腹。

此步法可单动亦可连动。（图 3-10）

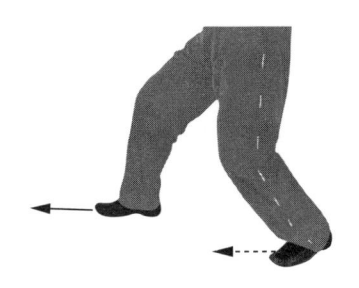

图 3-10

## 2. 退步

双脚成右开立步。左脚向后退，踏实，右脚随即后退。（图 3-11）

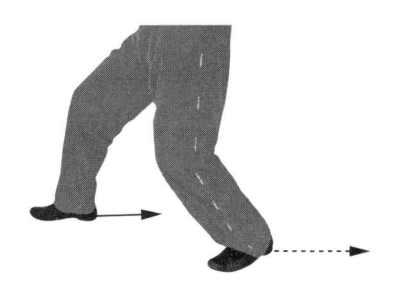

图 3-11

双脚全脚掌站立，双膝保持弹性。立腰、敛臀、实腹。

此步法可单动亦可连动。连动时务必保持后脚踏实，再撤前脚。

## 3. 上步

双脚成左开立步。左脚不动，腰左旋，随即右腿向前迈步。（图 3-12、图 3-13）

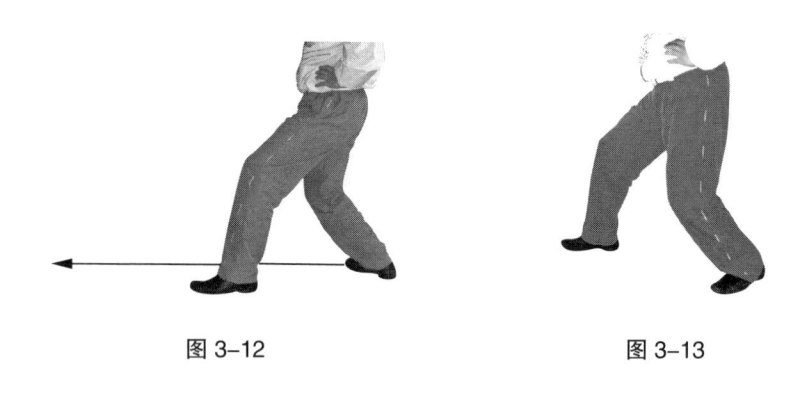

图 3-12　　　　　　　　图 3-13

双脚全脚掌站立，双膝保持弹性。立腰、敛臀、实腹。

## 4. 撤步

双脚成右开立步。左脚不动，腰部右旋，随即右腿后撤步，踏实。（图 3-14、图 3-15）

双脚全脚掌站立，双膝保持弹性。立腰、敛臀、实腹。

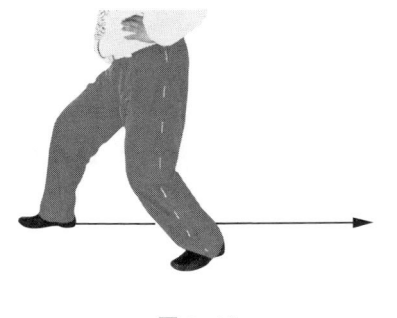

图 3-14 　　　　　　　　　　　图 3-15

## 5. 内旋步

亦称"背步"。双脚成右开立步。右脚不动，左脚蹬踏带动腰部左旋，同时，左腿向身体右后方弧线移动，角度自酌。（图 3-16、图 3-17）

图 3-16 　　　　　　　　　　　图 3-17

双脚全脚掌站立，双膝保持弹性。立腰、敛臀、实腹。"背步"还有其他变化方法，这里暂不缀述。

### 6. 外旋步

亦称"侧调步"。双脚成右开立步。右脚不动，左脚蹬踏，带动腰部右旋，同时左脚向左侧方弧线移动。（图3-18、图3-19）

图3-18　　　　　　　　图3-19

双脚全脚掌站立，双膝保持弹性。立腰、敛臀、实腹。

### 7. 弧行步

此步法意在利用开阔的场地空间换取技术空间，改变对手与自己的身体角度。

双脚成左开立步。右脚向右后方退步，腰微左旋，重心微后移；随即右脚继续向右后方弧线撤步，腰微左旋，重心后移。上动不停，如此反复。双脚全脚掌站立，双膝保持弹性。立腰、敛臀、实腹。弧线移动要连贯流畅。（图3-20~图3-22）

第三章　太极竞技推手基础

图 3-20　　　　图 3-21　　　　图 3-22

## 第七节　稳定性练习

稳定性练习亦称"桩法"。桩法练习是提高运动员稳定性和平衡能力的重要手段。

### 1. 活桩

①练习双方成三体步站立，甲方（浅色服装）双手轻轻托住乙方（深色服装）的双肘，乙方双脚前后开立，双掌按在甲方胸部。（图 3-23）

动作要点：甲方接受乙方力量时要腰胯放松，不可僵硬对顶。立身要中正。

图 3-23

57

易犯错误：立身左右歪斜或前俯后仰，重心不稳定，裆部夹瘪。

②乙方后腿蹬地，双掌向前推按甲方胸部。甲方松胸实腹，向前、向下松腰松胯，后腿膝关节保持弹性。（图3-24）

动作要点：甲方不可左右晃动腰身，动力大小及动作节奏要与乙方同步，不可主观。动作幅度大小适中。体会用松腰松胯化解乙方力量，并感觉乙方手法变化的细微之处。

易犯错误：动作主观，腰胯过力，气滞劲僵。

### 2. 活腰

甲方面对乙方成三体步站立，乙方推按甲方前胸，并作左右摆动，回旋。甲方重心沉实，并随势回旋，走化乙方力量。（图3-25）

动作要点：小腹部为丹田所在，甲方不能主观，重心不能飘浮。要运丹田乙方来力，使乙方失去重力。

易犯错误：动作变化太大，影响了自己的重心。

### 3. 挤式

①甲方成三体步站立，

图3-24

图3-25

乙方与其搭掌相对，身体松静。（图 3-26）

动作要点：甲方与乙方接劲时，不可以主观用力，身体不可左右倾斜，手臂撑圆，不可太绵软。

易犯错误：身体倾斜不中正，手臂绵软或僵硬，气虚心浮。

②乙方沉肘沉肩，徐徐向前注力打挤，压迫甲方前胸。甲方松胸实腹，向前下方松腰松胯，专注于乙方力量大小和方向的变化。重心稳定沉实。（图 3-27）

图 3-26

图 3-27

动作要点：乙方力量不要偏斜，甲方不可左右引化，手臂不能后缩或变形，双手力量均匀，力量大小、变化要与乙方同步，比例恰当。下潜时顺势调步。

易犯错误：气力不合，力量分散，用力方向歪斜，或者动作机械生硬。

# 第八节　化拿练习

## 1. 採按

①甲乙双方相向，横裆步站立。乙方以掌推按甲方前胸；甲方以掌搭住乙方腕部，顺势以掌向下採按，使乙方劲力落空。（图3-28）

**图 3-28**

动作要点：手法要准确，粘劲合度，不可丢劲。

易犯错误：动作机械，轻重失度，重心不稳，气力失调，导致在控制乙方前被乙方察觉。

②上动不停。甲方左掌粘住乙方右掌，採按于自己腰部，同时右臂顺势插入乙方腋下。甲方沉腰坐胯，合劲，将乙方重心牵（拿）住。（图3-29）

图3-29

动作要点：採按、合劲连贯一气。
易犯错误：重心变化与劲力开合不协调。

## 2. 化拿

①甲乙双方相向以三体步站立，乙方以掌推按甲方前胸，甲方松腰松胸，向下化解，使乙方力量变缓。同时甲方双掌轻托乙方肘关节。（图3-30）

动作要点：甲方腰身务必放松，松拿乙方来力之后让乙方仍然有活动余地。

易犯错误：失去松静的体态，以硬接硬，迫使乙方提前失去活动余地。

图 3-30

②上动不停。甲方松腰松胯，合力，将乙方力量拿于其肩部。（图 3-31）

图 3-31

动作要点：身体松沉，合劲，力达乙方肩部。
易犯错误：不放松，力量集中于手腕或者令乙方仍然有活动余地。

### 3. 捋拿

甲乙双方相向以三体步站立，乙方以掌推按甲方前胸，甲方粘住其前臂向右引化，顺势左右手合劲，将乙方重心拿住。（图3-32）

图 3-32

动作要点：甲方放松，顺乙方来力合劲，令乙方前后失度。

易犯错误：合劲时不放松。

## 第九节　发劲练习

发放在推手中有举足轻重的作用，建立在化拿的基础上避实击虚的发放才有效果，"听、化、拿、发"环环相扣，紧凑

利索，发劲身体须完整一气，饱满遒劲。发劲之前必须断其根，即满足以下几个基本条件方可发放：首先，听明对方劲路；其次，化开来势，转为有利形势；再次，对方劲力落空正在蓄势，即前势势穷，后势未至。

## 1. 发放

乙方（浅色衣服者）自然直立，双脚前后开立。甲方（深色衣服者）成三体步站立，双掌轻搭于乙方胸前，掌根微离开乙方身体，沉肩松肘松腰蓄劲，随后突然向前蹬地纵腰发力，双掌猛然向前推按，将乙方推出。（图3-33）

图3-33

动作要点：甲方力量须由腰腿发出。发放后全身迅速恢复松静状态，恢复姿势。

易犯错误：双臂僵硬，生硬用力。

## 2. 抖腰

甲方（浅色服装者）双臂轻轻裹住乙方（深色衣服者），周身松静，然后突然发力，抖靠乙方胸腰部位，撼动其重心。（图3-34）

图3-34

动作要点：重心沉实稳固，裹抱松紧适度，力量由腰部发出，发力短促。

易犯错误：重心不稳，力量左右不对称。

## 3. 下採

乙方（深色衣服者）以掌推按甲方胸部，甲方沉肩沉肘向下引化乙方力量，然后迅速发力採按。（图3-35）

动作要点：练习时注意引化的技巧，发力要时机正确，不可生硬。

图 3-35

易犯错误：接手不灵活，用力太主观，不注意时机的把握，发力后双方产生分离。

## 4. 肩靠

乙方（深色衣服者）横出一步，甲方以肩（或上臂）撞击乙方。注意撞击的一瞬间腰腿协调发力。（图 3-36）

图 3-36

动作要点：甲方（浅色衣服者）发力必须上下一致，方向要正，用力集中于一点，动作一定要短促突然。

易犯错误：动作迟缓，发力时上下脱节，方向不正。

### 5. 捋挤

乙方（深色衣服者）将掌推按甲方胸前，甲方捋拿住乙方，迅速上步，以腰背发力，将乙方击出。（图 3-37）

图 3-37

动作要点：甲方动作不能间断，发力不要偏斜，劲力饱满，由腰背而出，短促集中，不可生硬。

易犯错误：主观，时机不当，力点不准，动作间断，力顶。

## 6. 胯打

甲方（浅色衣服者）轻环抱乙方（深色衣服者），屈蹲，腰胯突然发力，以大腿内侧击打乙方相同部位，使之失重。（图 3-38）

图 3-38

动作要点：甲方发力时，周身松活，重心必须稳固。
易犯错误：周身生硬，立身不稳，上下失度。

## 7. 抹按

乙方（深色衣服者）横裆步站立，甲方上步潜入其腋下，右掌弧线向侧、向后发力，抹按乙方腰部。（图 3-39）

图 3-39

动作要点：甲方右掌掌心向下，腰手相合。
易犯错误：手法不对，或者上下脱节。

## 8. 捌按

乙方（深色衣服者）双掌推按于甲方胸部，甲方上步发力，捌按乙方双肘，迫使乙方失重。（图 3-40）

图 3-40

动作要点：甲方受力时胸部放松。

易犯错误：合劲前腰部变僵，失去动作余地。

## 9. 长捌

乙方（深色衣服者）以掌推按于甲方（浅色衣服者）胸前，甲方将乙方手臂掤出，并向右发力，将乙方抛出。（图 3-41）

图 3-41

动作要点：甲方受力时胸部要放松，腰手灵活。

易犯错误：手型错误，手法太紧，丢劲、丢手，或者环抱乙方。

# 第十节　体能练习

推手运动员体能训练主要包括：心肺功能练习、肌肉力量

练习、协调性练习、反应能力练习等。

## 1. 调腰

①甲方（浅色衣服者）横裆步站立，乙方（深色衣服者）亦采用横裆步站立，上身前伏，双掌按于甲方腰部，撑住。甲方双手从外侧勾抓住乙方的腋窝。（图 3-42）

②甲方腰部发力，向右侧转体抡摆乙方，右手下采，左手上提，迫使乙方重心发生偏斜，被抡转到甲方体右侧。（图 3-43）

③甲方腰部回旋，向左侧转体发力，左手下采，右手上提，迫使乙方重心发生偏斜，被抡转到甲方体左侧。（图 3-44）

图 3-42

图 3-43

图 3-44

## 2. 俯卧撑

俯卧撑主要用来提高手臂支撑能力，练习时注意动作连贯，手臂推直的一瞬间要发力。（图3-45、图3-46）

图3-45 　　　　　　　　　图3-46

## 3. 抛接哑铃

抛接哑铃主要用来提高手指和手臂力量以及眼手协调配合的能力，提高大脑的反应速度。（图3-47、图3-48）

图3-47 　　　　　　　　　图3-48

### 4. 卧推杠铃

卧推杠铃主要用来提高胸背肌群的协调能力,注意练习时胸背协调发力。(图 3-49、图 3-50)

图 3-49

图 3-50

### 5. 屈臂举铃

屈臂举铃主要用来提高手臂的收缩力量,注意练习时手臂收缩要快速有力。(图 3-51、图 3-52)

图 3-51 　　　　　　　　图 3-52

## 6. 引体向上

引体向上主要用来提高背肌、上臂肌群用力的协调性。用力时注意背肌主动收缩。（图 3-53、图 3-54）

图 3-53 　　　　　　　　图 3-54

## 7. 转体发力

转体发力主要用来提高练习者腰部的旋转力量，练习时注意转腰要迅速用力。（图 3-55、图 3-56）

图 3-55

图 3-56

## 8. 肋肌练习

肋肌练习主要用来提高练习者体侧肌群的收缩力量。（图 3-57、图 3-58）

图 3-57

图 3-58

## 9. 仰卧起坐

仰卧起坐主要用来提高练习者的腹部肌群收缩力量。（图 3-59~图 3-61）

图 3-59

图 3-60

图 3-61

## 10. 背肌练习

背肌练习主要用来提高练习者的腰背肌群伸缩能力。（图 3-62、图 3-63）

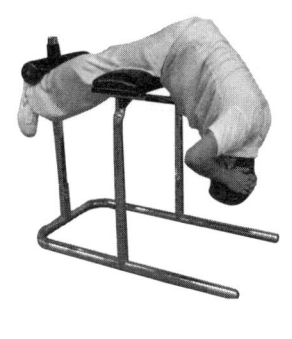

图 3-62

图 3-63

## 11. 负重蹲起

负重蹲起主要用来提高练习者的腿部支撑能力。（图 3-64、图 3-65)

图 3-64　　　　　　　　图 3-65

## 12. 负重转体

负重转体主要用来提高练习者负重情况下，腰部的支撑能力。（图 3-66~图 3-68）

图 3-66　　　　　图 3-67　　　　　图 3-68

### 13. 胸肌练习

主要用来提高练习者胸部肌群的收缩力量。（图 3-69、图 3-70）

图 3-69

图 3-70

### 14. 下腹肌练习

主要用来提高练习者腹部肌群与肋部肌群协调伸缩的能力。（图 3-71、图 3-72）

图 3-71　　　　　　　　图 3-72

## 第十一节　柔韧性练习

### 1. 正压腿

①练习者将左腿放置在横杆上，膝关节放松伸直；上体直立，髋部正朝前方，支撑腿自然伸直，脚尖向前，双手放在左腿上。（图 3-73）

图 3-73

②练习者上体前伏，使身体伏于左腿上，拉伸左腿后侧的韧带。（图 3-74）

### 2. 侧压腿

①练习者将右腿放置在横杆上，膝关节放松伸直；上体直立，身体左转，髋部侧向横杆，支撑腿自然伸直，脚尖向左。（图 3-75）

②练习者上体向右侧伏，令上体靠近右腿，使大腿后侧的韧带得到拉伸。（图 3-76）

图 3-74

图 3-75

图 3-76

### 3. 正踢腿

①练习者自然直立，双臂侧展伸直，两手立掌，掌指向上，眼睛平视。（图 3-77）

②练习者右脚上前一步，然后左腿膝关节伸直，左腿向体前摆踢，左脚脚尖回勾，眼睛平视。（图 3-78）

图 3-77 　　　　　　　　　　图 3-78

## 第十二节　防护练习

### 1. 前滚翻

①练习者双腿并拢全蹲，双掌撑住地面。（图 3-79）

图 3-79

②练习者重心前移，低头含胸，两腿后蹬，同时团身藏头，前滚，滚动时以背、腰、臀依次着地，团身向前滚翻。（图 3-80、图 3-81）

图 3-80 　　　　　图 3-81

动作要点：要求团身，肩、背、腰、臀、依次着地，滚翻要圆。

## 2. 后滚翻

①练习者双腿并拢全蹲，两手在身前撑地。（图 3-82）

图 3-82

②练习者重心后移同时两腿后蹬，团身藏头，两手在头两侧撑地，团身向后滚翻，两脚落地，两手扶地成蹲立。（图 3-83、图 3-84）

图 3-83 　　　　　　　　图 3-84

动作要点：身体必须团身成圆环形，滚翻要圆，注意膝胯主动向后，跟追头部。

3. 侧滚翻

两腿屈膝半蹲，右手向左大腿外侧下插；低头含胸，团

身向右前滚翻，以右肩、背、腰、臀依次着地；左前臂向下拍击垫子，顺势成蹲立，然后再向左前做下一个侧滚翻。（图 3-85~图 3-87）

图 3-85

图 3-86

图 3-87

动作要点：身体必须成圆环形，要求肩、背、腰、臀、依次着地，手臂拍击要有力，滚翻要圆。

### 4. 前倒

练习者并步站立，直体向前倾倒；同时，前臂主动屈拢，

置于胸前，手心向前；倒地时以两掌和前臂同时拍打地面，收下颌，收紧腹部。（图3-88、图3-89）

图3-88　　　　　　　　图3-89

动作要点：躯干与腿挺直，倒地时不可犹豫，倒地后躯干和大腿悬空。

注：初学者可以先从马步屈蹲或者跪地姿势开始练习，由于身体重心的降低，可以有效保护身体不受伤害。图3-89中示范者没有收紧腹部。

## 5. 后倒

练习者两腿直立，直体向后倾倒，在将要倒地的瞬间主动以两手臂在身两侧拍击地面，右腿上抬并向斜上方伸直，另一腿屈膝撑地，脚跟提起，髋腰上顶，仰卧于地面；头抬起，目视右脚尖。（图3-90、图3-91）

动作要点：摆臂要快，后仰、下颚收回要协调一致。

第三章 太极竞技推手基础

图 3-90

图 3-91

87

# 第四章　太极竞技推手实用技法

> **☞ 本章阅读提示：**
> 1. 试谈如何循序渐进地提高太极推手水平。
> 2. 传统太极推手的瓶颈是什么？
> 3. 太极八法如何学以致用？
> 4. 试论太极竞技推手与传统（古典）太极推手的共通之处。
> 5. 试谈太极竞技推手技术的融通性。
> 6. 请简介太极推手的技术范围和主要禁忌有哪些。
> 7. 请例举与太极竞技推手相关的其他项目及其特点。

## 总　论

　　本章，我们选择了一些项目特点突出、比赛中出现频率高、方法简单实用、易于理解和掌握的动作招式加以介绍。

　　需要特别说明的是，这些动作招式虽然脱胎于传统太极推手，但并不拘泥于传统太极推手，它们优化程度高，攻守兼备，简捷实用。所有动作不但严格遵循了太极推手理论，而且突破了传统观念束服，放开肢体动作，有很强的研究和教学价值。

第四章　太极竞技推手实用技法

# 第一节　传统太极推手的瓶颈

什么是传统太极推手瓶颈呢？

太极推手是十分优秀的武术遗产，将其转化为一种比赛项目有利于它的传承和发展，有利于扩大它的社会影响和创造更多价值。这无疑是武术工作者对祖国优秀遗产做出的卓越贡献。

传统太极推手内容博大精深，但是受到传承方式和其他诸多因素的影响，在实际教学、训练中，传统太极推手暴露出了大量急需克服的问题。教学实践中最实际、最突出的就是将传统太极推手优化、简化的问题，这是太极推手的瓶颈。

传统推手，理论精微，练功方法五花八门，固定的招式或方法尤其稀少，这些成了将传统太极推手转化为竞赛项目的瓶颈。不但为教师授课带来了麻烦，对于广泛交流和技术比赛也形成了阻碍。为了健康长久地发展这个项目，我们必须实事求是地重新研究、归纳太极推手理论和方法，逐步统一理论、方法，规范专用词汇和动作名称，逐步简化训练方法。

太极竞技推手已经发展了二十余年，产生了巨大的社会反响，武术工作者也已取得了十分宝贵的实践经验，大批运动员已经转化为教练员、裁判员、理论工作者，我们有责任对这些成果加以沉淀。可以说，当前已经具备了突破瓶颈的人才条件、技术条件。此外，多年来，其他项目从事者也十分渴望与推手武术工作者相互沟通、交流。经常有其他项目的运动员积极参加太极推手比赛，这更加增强了我们的责任感、使命感。回顾历史，散手几乎与太极推手同时起步试点，但如今的散手（打）发展迅速，已经成为世界性的比赛项目，其规模和水平已经遥遥领先于太极推手。作为武术遗产的继承人，我们责任重大，形势迫切要求我们应当优先解决发展中遇到的主要问题，不做低层次的、无谓的工作。

## 第二节　推手理论与具体技术相结合

推手将用力升华到了"技"的高度，并极力发扬这种技法。

### 1. 再谈"粘、连、黏、随"

"力"与"技"的对抗是推手的优美之处。推手不但用自己的理论改造了"力"，而且解决了"力量的对抗"。"力"与"技"的极端冲突就是推手的实战和比赛，没有前面几章的学习难以应对这样的冲突。

推手是很高级的接触性对抗项目，双方肢体接触时间长，动能、势能和冲量往往冲突变化丰富，对运动员的大脑思维判断能力和肢体运动能力提出了巨大的挑战。

为了应对这种极端条件下的"力"与"技"的冲突，我们必须对传统太极推手中的典型概念和技术加以简化和发展，使之更趋于实用、合理。

太极竞技推手毕竟是一个新兴的比赛项目，因此推手运动员必须积极参与到这种研究和优化中来，不断刻苦训练，去粗取精，攻克难关，突破技术瓶颈。

在"粘、连、黏、随"中抓住"共力"，创造和掌握先机，需要具备灵活的头脑，活学活用"听、化、拿、发"。

通过"粘、连、黏、随"，使敌我在用劲（或用力）上形

成依存关系；只有双方产生了力的依存关系，才能出现共力，共力就像汽车离合器上的摩擦片一样，将两人的力纠集在一起；有了共力，才能趋向"听、化、拿、发"的高级境界——拿之有物，应手而出。

"粘、连、黏、随"不但有形，而且有相，它们彼此间是互相转化的，在教练的指导下，必须通过足够多的实战将之转化为真切的体会，进而发现并利用共力。不要怕实战，更不要怕"顶"。顶是僵硬的，是存在技术真空和认识真空的必然反应，只有经过一定数量的实战才能克服。对"粘、连、黏、随"有了真切的认识自然也就放弃了顶。

"粘、连、黏、随"的最大好处就是能制造共力，从而使推手者有了争夺和打击的对象，使推手有了一重新的境界，掌握了它就打开了一扇新的窗户。过不了"粘、连、黏、随"这一关，推手就永远上不了台阶。

## 2. 多"问"多"听"

"听劲""问劲"不分家，是首要概念。一个"问"字，浓缩了"粘、连、黏、随"的精华，这是神来之笔！"问"等于"找"，这种找的方法就融入，寻找的对象就是"共力"。"共力"可以牵动任何一方重心，是"兵家之必争"。但它（共力）倏忽万变，规律难以把握，所以需要"听"，听它的变化，找它的规律。

力有起点和长度，推手的力也有这个特点。它总是要由身体里一点点发出来，而且随着力量的不断加大，其长度也会不断延长，不管力大还是力小，力快还是力慢，都有这个规律。"拿劲"就是要在这个"长度"上作文章，因为在这个长度上，总会有一些身体部位或节点容易受到控制而发生转折，而我们恰恰就是要在这些节点上加以干扰和控制，只有产生了共力，这个力量才更容易显现出来并受到控制。

力有"量"的概念，量小不足以制敌，但足可以扰敌，诱使对方加大力的"量"。通过"粘、连、黏、随"使这个量成为共力的一部分，随着这"量"的不断变大，产生牵动重心的趋势，这就是推手中的"势能"。

"势能"可以变换为力，也可以变换为惯性，运动员能够很好地控制自己的力，但不能很好地控制由力产生的惯性。将"势能"转变成惯性，并能巧妙地利用它就是推手的高超之处了。

所以"听"和"问"，就是达到这巧妙之处的第一步。推手实战的第一个重要练习环节就是多"问"多"听"。通过不断练习向着更高的阶段深入。

### 3. 不要急躁，多做验证

前面说过的"听、化、拿、发"是推手的实用指导，"听"得准才能"化"得开，"化"得开才能"拿"得住，"拿"得住才能"发"得出。

训练中常犯的毛病是急躁，急于求成。急躁容易主观，是推手中的大病。应该静心于对手，从身心上"舍己从人"。经常检验自己的所得所悟，才能渐渐使自己心静，心静才能心明（神明）——开悟。

"听、化、拿、发"是互相关联的，下一个环节可以检验上一个环节。"听"到后，去"化"一下试试，看看是否会出现化不开的现象，找找问题的根源，是没听对还是方法错误。

同理，如果化开了，就"拿"一下试试，拿对了和拿错了

感觉是截然不同的。其他依此类推。

### 4. 不断实践

反应能力与技术动作高度一致是训练的目的。"听、化、拿、发"说起来容易，要想真正在实战中能够运用得当，就必须不断实践。坚定训练方向不走弯路，刻苦摸索规律，必然能够提高水平。常有找到了机会却"无技可施"，或者"着熟"却"不懂劲"的习练者，大都是因为实践太少。王宗岳先生"人不知我，我独知人"之论虽然有点夸张，但却形象而直白地道出了不断实践"听、化、拿、发"之后的收效。

拳谚中讲"'发'之不中皆因为'拿'之不准，'拿'之不准皆因为'化'之不开，'化'之不开皆因为'听'之不清；听不清，化不开，拿不住，发不出"。因此"听、化、拿、发"是整个推手实战过程的四大基本要素，其中"听、化、拿"是最难练习的。

## 第三节　学以致用，融会贯通

实战特别是比赛时，运动员面对的是残酷的现实和极端的条件，只有平时刻苦训练，认真总结，才有可能在实战中得心应手。

推手与摔跤、柔道、擒拿等同属于接触性对抗项目，技术特点上有许多共通之处，因此运动员应该有宽广的技术视野和十分扎实的技术修养，处理好项目之间的融通与交流，解决好场上的各种难题。

推手不是封闭的。从古至今，推手也从来没有封闭过。

正因为它不断吸收先进的营养，融会贯通，不断充实，才有今天的博大精深。推手运动员作为这份宝贵武术遗产的继承人，首先要继承的就是这种客观治学、学以致用、融会贯通的实践精神。

推手实战既有阵地战也有运动战，既有以技术服人的"以巧力破大力"，也有实实在在的"一力降十会"。常有得机得势，却发不出对手的情况，原因是功力不够；也有所向披靡，已经占尽优势，却遭"以力降人"之诟病的。

这就是现实，穿透这层层迷雾，推手习练者就能够看透旧有的不足，下足功夫，下对功夫，取得新的进步。

## 第四节　太极竞技推手的场地和时空感

太极竞技推手是在一块直径6米大小的圆形场地内进行，战术上一般将场地划分为中场区和边线区两大部分，在中场区和边线区所采用的技术和战术存在一定的差别。（图4-1）

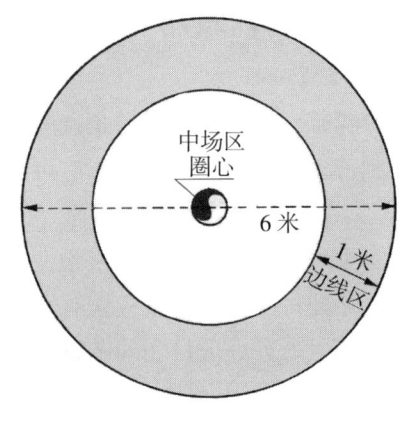

图 4-1

太极竞技推手攻防距离细分为远距离、中距离和近距离。

运动员比赛时要有良好的时空感觉，不但要充分利用技术条件，还要学会充分利用场地条件、时间条件和规则条件。

注：目前太极竞技推手的比赛场地各地区有所不同。有时为了垫子拼接方便，直接将场地改成方形，边长4米或5米均有；也有把圆形场地的直径调整为4米或者是3米的。场地大小不统一，对于运动员时空感的培养是不利的，所以笔者呼吁有关部门尽快统一场地标准。另外，优秀的推手运动员对于场地的适应力也是要明显高于一般运动员的，或者说对场地的时空感就是评价一个推手运动员优良与否的一项重要指标。

## 第五节　单式技术

推手单式是太极竞技推手训练不可或缺的一部分，也是快速提高技战术水平的一个捷径。

### 1. 虎扑直推

该技术是竞技推手中的基本技术，是最重要的基本功之一，也是功力大小最直观的体现。赛场上常有一个虎扑将对手推出圈外的情况。如果赛场上出现甲方连续将乙方虎扑推出的情况，则可以断定甲方的基本功明显高于乙方，胜负已分。

(1) 单人练习

推手基本姿势站立，右手外掤，左手腹前按掌。双手向右

下弧线捋带，右脚回撤半步；上动不停，右脚快速上步，双手前推，左脚顺势跟步成推手的基本姿势，手心向前，目视前方。此动作左右交替，不断前推，路线可以直线向前，也可以"之"字形向前。（图 4-2~图 4-6）

图 4-2

图 4-3

图 4-4

图 4-5

第四章　太极竞技推手实用技法

图 4-6

(2) 双人练习

双人练习可以检验单式动作的正误与优劣。动作细节不做赘述。（图 4-7~图 4-11）

图 4-7 　　　　　　　　图 4-8

图 4-9　　　　　　　　　　图 4-10

图 4-11

动作要点：双手向右下弧线捋带时，要利用胸腰的合力；双手前推的方向不是平直向前，而是要有向上的用力。

易犯错误：①双手向下弧线捋带，劲力不整，力量不足。②双手向下弧线捋带与进步前推衔接速度慢。

纠正方法：①对照镜子单独练习双手向下弧线捋带，充分体会身体的开合用力。

第四章　太极竞技推手实用技法

②双手持重物如方砖、杠铃片等练习向下弧线捋带与进步前推的衔接。

## 2. 豹闪直推

该技术也叫闪步推发。重点是步法的灵活，侧闪的方向和角度可以根据对手发力的大小和快慢来决定，变化丰富，是竞技推手中的基本技术。

(1) 右豹闪直推单人练习

推手基本姿势站立，右手掤出，左手腹前按掌。左脚左前方上步；随即，向右转身，转身的角度可以灵活控制。转身90°是常规练习动作（也可以转身180°，或更大幅度），右脚回收，虚步点地，同时双手控制对方肩、前臂处向右下捋带，蓄力于腰腹部；随后头向前领劲，双手随腰腹开劲，右脚向前上步，双手顺势推出，掌心向前，左脚顺势跟步，立身中正，目视前方。（图4-12~图4-15）

图 4-12　　　　　　　　　图 4-13

99

图 4-14　　　　　　　图 4-15

## (2) 右豹闪直推双人练习

动作同右豹闪直推单人练习。（图 4-16~图 4-19）

图 4-16

图 4-17

第四章　太极竞技推手实用技法

图 4-18 　　　　　　　　图 4-19

(3) 后豹闪推进单人练习

转身 180°直推。（图 4-20~图 4-23）

图 4-20 　　　　　　　　图 4-21

101

图 4-22 　　　　　　　　图 4-23

(4) 后豹闪推进双人练习

动作同右豹闪直推。（图 4-24~图 4-27）

图 4-24 　　　　　　　　图 4-25

第四章　太极竞技推手实用技法

图 4-26　　　　　　　图 4-27

动作要点：双手向右下弧线捋带、双掌推出时，要利用腰腹的开合力。右闪时步伐稳定，快而不乱，虚而重心不失。

易犯错误：①双手向下弧线捋带，劲力不整，力量不足。
②双手向下弧线捋带与进步前推衔接速度慢。

纠正方法：练习体会闪身时双手和腰腹的整合感。练习腰腹动作和步法的配合。

3. 顺手牵羊

此动作简单描述是盘肘，撤步捋带，加背推。在竞技比赛中较为常用，发力主要有后直、后斜下、后斜上三个方向的变化，以后直、后斜下两个方向举例说明。

(1) 顺手牵羊后直方向发力单人练习

推手基本姿势站立，右手掌心向前撑出，左手腹前按掌；

103

右手回臂钩挂，控制对方上臂根部，并向上挑起，同时左手控制住前臂；前脚撤步，右手臂盘肘向右后捋带，同时向右转身，继而左手向右后水平推出。（图4-28~图4-31）

图 4-28

图 4-29

图 4-30

图 4-31

(2) 顺手牵羊后直方向发力双人练习

动作同顺手牵羊后直方向发力单人练习。（图 4-32~图 4-36）

图 4-32

图 4-33

图 4-34

图 4-35

图 4-36

**(3) 顺手牵羊后斜下方发力单人练习**

推手基本姿势站立,右手掌心向前撑出,左手腹前按掌;右手回臂钩挂,控制对方上臂根部,并向上挑起,同时左手控制住前臂;右脚撤步,左手臂盘肘向右后下捋带,同时向右转身,左手向下成立肘姿势,向下推压。(图 4-37~图 4-40)

图 4-37     图 4-38

第四章 太极竞技推手实用技法

图 4-39 　　　　　　　　　图 4-40

(4) 顺手牵羊后斜下方发力双人练习

动作同顺手牵羊后斜下方发力单人练习。（图 4-41~图 4-44）

图 4-41 　　　　　　　　　图 4-42

107

图 4-43

图 4-44

动作要点：盘肘时控制住上臂根部，以此为力点向上挑起；向后转身变腰要快，防止挑起时对方趁势上步别靠。

易犯错误：①控制对方手臂不严整，缺乏向上挑力和向外掤力；

②挑起时失去中正向后倾倒，易被对方前侵；

③转身时变腰僵迟。

纠正方法：增强控制上臂和前臂位置意识；练习向上挑起时手臂力量与腰腹力量的承递感（整劲）；练习闪身腰部的变劲，逐渐减少僵迟感。

### 4. 换步肩靠

该技术动作是太极拳套路中的斜飞式，在竞技赛场上是个出奇制胜的招数。主要变化是当对方与我的距离稍远时，我右手、肩向后发力，如果距离很近则可以用右后肩靠击，将对方靠倒。

## 第四章　太极竞技推手实用技法

### (1) 单人练习

推手基本姿势站立，左手外掤，右手腹前按掌；左手向下采带，同时撤左脚，脚尖点地；右脚向前上步立于对方前脚外侧，右手同时向前，右肩插入对方腋下；随即，我右手、肩和右肩后侧向后发力。（图4-45~图4-49）

图4-45

图4-46

图4-47

图4-48

图 4-49

(2) 双人练习

动作同单人练习。（图 4-50~图 4-52）

图 4-50

图 4-51

图 4-52

动作要点：换步，前脚向前上步，主要目的是挡住对方前腿，不使其后撤挣脱；右肩插入和步法配合紧密；右肩向后靠打力道齐整、干脆。

易犯错误：①前腿不能完全拦挡住对方腿部；
②入肩位置不到位。

纠正方法：练习推手基本步法及步法间的相互转换，提高步伐的灵活程度；练习腰胯开合、肩靠基本功，增强进攻能力。

### 5. 穿裆靠

该技术在全国推手比赛中是常见技术，但在北京市推手比赛中出现还是近几年的事。该技术需要掌握好时机，是较为难练的技术之一。

推手基本姿势站立，右手外掤，左手腹前按掌；右手插入

111

对方腋下，左手看住对方同侧手；右手用爆发力将对手向上挑动，使对方产生向后调整姿势意识，前脚上步，抢入对方中门，全身合力集中胸肩部位沿对方中线向前打出，动作完成即刻松沉，同时双手向前推送。（图 4-53~图 4-57)

图 4-53

图 4-54

图 4-55

图 4-56

图 4-57

动作要点：前手牵动能够惊诈对手，使对方产生后移动作趋势；前脚尽可能深入对方中门内（两脚中间）；肩部击打出爆发力，发力完立即放松。

易犯错误：①前手牵动力量不足或僵硬，不能有效干扰对方判断；

②靠击力量劲过长，爆发性不足。

纠正方法：加强手臂短爆发力的训练以及上步肩靠的动作，加强发完爆发力身体迅速松沉的能力。

## 6. 反手摔

反手摔技术是推手中的核心技术，在北京市的推手比赛中是运用最多的技术之一。

(1) 单人练习

推手插抱姿势站立，右手（牵动手）插入对方腋下，左手看住对方同侧手；上右脚，同时右手向内深入至上臂根部，回

113

带右臂，转腰拧胯，右臂从对方左肩和头部中间抬肘下压并向右下方旋拧，同时左手助力，圈带对方同侧手臂向右下方撤步走劲；继续斜下方走劲，直至摔倒。（图4-58~图4-60）

图4-58

图4-59

图4-60

第四章　太极竞技推手实用技法

(2) 双人练习

动作同单人练习。（图 4-61~图 4-66）

图 4-61

图 4-62

图 4-63

图 4-64

115

图 4-65

图 4-66

### 7. 正手摔

正手摔与反手摔是一对技术，也是竞技推手中的核心技术之一。

**(1) 单人练习**

推手插抱姿势站立，右手插入对方腋下，左手（牵动手）看住对方同侧手；左脚向右脚跟外侧后插步，同时右手向内深入至上臂根部（腋窝处）；左臂回带，转腰拧胯，右手臂从对方身后挑肘，身体左转，右手臂下压，同时左手捋带对方手臂助力，将对方摔倒。（图4-67~图4-69）

图 4-67

第四章 太极竞技推手实用技法

图 4-68 　　　　　　　　图 4-69

(2) 双人练习

动作同单人练习。（图 4-70~图 4-76）

图 4-70 　　　　　　　　图 4-71

117

太极竞技推手

图 4-72 　　　　　　　　　　图 4-73

图 4-74 　　　　　　　　　　图 4-75

图 4-76

动作要点：牵动手入腋下到位，能用臂根将对方挑起；转腰拧胯，胯要能够拦挡对方中线；牵动手从对方肩部和头部中间抬肘下压；下旋走内圆轨迹，撤步旋转。

易犯错误：①牵动手位置不足，不够深入；

②胯进入不到位，导致旋拧启动时手臂力量和腰胯力量衔接吃力；

③平抡对方，没有走下旋轨迹。

纠正方法：形成插抱时前手位置足够深入的意识；通过背步拧胯、八字变腰等练习，增强腰胯灵活性。

## 8. 撤步大捋

撤步大捋技术不是常用技术，在比赛场上并不多见，但它是一个能出奇制胜的技术，因为推手比赛中规定除了双脚以外的任何地方触地就为倒地，所以该技术的使用者往往能够使对手手掌触地，拿到较大分值。

(1) 单人练习

推手基本姿势站立，右手外掤，左手腹前按掌；右脚向前一小步，左脚随即跟进一小步，右手控制对方右手前臂前端，左手下压其肩关节处；右脚后撤一大步，右手顺势向下大捋，左手沿上臂向下滚切捋带，形成大仆步姿势，将对方捋带倒地。（图4-77~图4-80）

图 4-77

太极竞技推手

图 4-78　　　　　　　　　　图 4-79

图 4-80

(2) 双人练习

动作同单人练习。（图 4-81~图 4-86）

动作要点：向下捋带时，力要整合，用整个腰腹的力量下沉；左手沿上臂向下滚切捋带，力向内下旋。

第四章 太极竞技推手实用技法

图 4-81

图 4-82

图 4-83

图 4-84

图 4-85

图 4-86

121

易犯错误：①捋带时，对方手臂控制不严整，或没有控制关键部位；

②向下捋带与撤步动作脱节；

③手臂捋带力量和腰部力量脱节，不能形成足够的捋劲。

纠正方法：对练时注意对于对方关键性位置的控制；一人抓握带子一端，练习者右手持带子一端，向下弧线捋带与撤步的衔接。

## 9. 快步冲推

快步冲推技术是左右斜方向快推以便破坏对方的重心，快速将对方推出圈。该技术实用性强，初级阶段者容易学习，掌握较快。

### (1) 单人练习

推手基本姿势站立，右手外掤，左手腹前按掌；右脚上前一步，同时右手向前、向左斜上方将对手挑推，破坏其平衡，使其上体有向右倾倒趋势；对方未完成调整动作前，左脚快速跟进，同时左手向前、向右斜上方挑推，右手向右圈带，破坏其平衡，使其上体向左倾斜。如此左右交替，不断进步，不让对方有调整中正姿势的时机，直至将其推出圈外。（图4-87~图4-90）

图 4-87

第四章　太极竞技推手实用技法

图 4-88

图 4-89

图 4-90

(2) 双人练习

动作同单人练习。（图 4-91~图 4-96）

动作要点：左右手挑动对方时要结合腰腹的开合劲；上步侵入对方下盘与手上破坏对方上盘的动作要结合紧凑；整体节奏快速，始终不让对手保持稳定中正。

123

**太极竞技推手**

图 4-91

图 4-92

图 4-93

图 4-94

图 4-95

图 4-96

易犯错误：①挑推对方仅凭借手部力量，蛮横僵愣，没有腰腹的整体力量；②上步与上手之间衔接脱节；③节奏迟缓，不能有效连贯地破坏对方基本姿势。

纠正方法：双手持重物如方砖、杠铃片等练习手上挑落动作与腰腹力量的结合；练习上步上手的动作协调性。

## 10. 拉臂蹬腿摔

该技术类似摔跤中"手别子"技术，在有些推手竞赛中不让使用，但随着推手技术的不断放开，该技术还是很有学习的价值的。

### (1) 单人练习

马步姿势，面对对方站立，左侧腋下将对方左手上臂处控制住，同时向左转身，腰部合左手捋带其右臂，使对方失去中正，向一侧倾倒；右脚向后蹬地，将对方左脚打起；腰部继续向左转，并有向下、向内旋拧的劲力；同时，右手斜入对方支撑腿（右腿）膝关节处拦挡，将对方摔倒。左右换式，要领相同。（图4-97~图4-102）

图4-97

太极竞技推手

图 4-98　　　　　　　　　图 4-99

图 4-100　　　　　　　　图 4-101

图 4-102

## (2) 双人练习

动作同单人练习。（图 4-103~图 4-106）

图 4-103　　　　　　　　　图 4-104

图 4-105

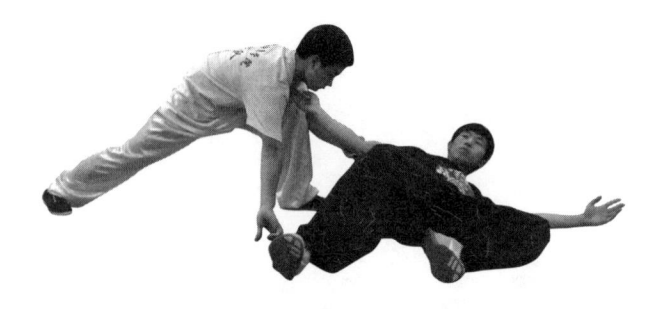

图 4-106

动作要点：将对方上臂始终控制，结合腰部力量转身发力；右腿楔入对方中门，蹬腿入胯；右手拦挡对方膝部。

易犯错误：①控制对方手臂不到位，如仅控制住前臂；②脚下没有完全深入对方中线，失去"脚踏中门"的效果；③右手拦挡对方膝部位置不对，不能有效利用对方的摔倒轨迹。

纠正方法：对练时注意对于对方关键性位置的控制；通过"拉绷子"等基本功的练习，增强脚下蹬地发力的力度、蹬地转腰的协调性以及深入对方中线的程度。

## 11. 进步侧搬

进步侧搬技术在推手比赛中是常见技术，容易上手，是直劲转化为横劲的代表性动作之一。

(1) 单人练习

推手基本姿势站立，右手外掤，左手腹前按掌；右手前

插入对方腋下，左手控制同侧对方手臂；左脚上步，立于对方右腿外侧，用膝关节磕击或别住对方膝关节，不使其收脚脱离；同时上身合腰前侵，双手向左侧搬推，使其摔倒。（图 4-107~图 4-111）

图 4-107

图 4-108

图 4-109

图 4-110

太极竞技推手

图 4-111

(2) 双人练习

动作同单人练习。（图 4-112~图 4-116）

图 4-112 　　　　　　图 4-113

第四章　太极竞技推手实用技法

图 4-114　　　　　　图 4-115

图 4-116

动作要点：快进步用前膝关节别住对手的膝关节，动作迅捷，到位准确，同时侧搬，衔接短促连贯。

易犯错误：

①上步迟缓或动作幅度过大，使对方察觉而提前做出防御动作；

131

②膝关节拦挡不到位，不能完全控制住对方膝关节。

纠正方法：通过推手基本步法练习，提高下肢敏捷轻灵的程度。

## 12. 勾腿前肩靠

该技术在一些技术放开的武术推手比赛中是常见技术，但在北京市太极拳推手比赛中还不允许使用。该技术属于近身肩靠技术，掌握时机非常重要，是较为难练的技术之一。

### (1) 单人练习

推手基本姿势站立，双手插抱住对手，右手回带将对方挑起，腰腹部微开；右脚前伸并回勾对方的右脚，使其不能轻易挣脱；腰腹部瞬间合起，肩部前冲，利用合力将对方靠打出。（图 4-117~图 4-123）

图 4-117　　　　　　　图 4-118

第四章　太极竞技推手实用技法

图 4-119

图 4-120

图 4-121

图 4-122

图 4-123

133

## (2) 双人练习

动作同单人练习。(图 4-124~图 4-129)

图 4-124

图 4-125

图 4-126

图 4-127

第四章 太极竞技推手实用技法

图 4-128

图 4-129

动作要点：前手回带时，利用腰腹的开力将对手挑起，动作要快，起到惊诈效果；靠出力为爆发力，发力后瞬间放松，防止因被对方搂抱而倒。

易犯错误：

①托挑对方时，只用手臂蛮力，忽视腰腹力量；

②靠击时瞬间接触感缺失，劲力过长、过僵硬。

纠正方法：练习腰腹开合时配合手的动作，解决手上与腰

135

上劲力不一致问题；靠击练习多体会瞬间的接触感和接触后的瞬间放松，将长劲逐渐往爆发力上转变。

### 13. 掏手推

该技术在太极拳套路中是左右穿梭的动作，也是推手赛场上常用技术之一，讲究"引、化、进、攻"四部分的顺接。

(1) 掏手直推单人练习

推手基本姿势站立，右手前撑于对方胸前，左手控制对方右手腕；右手给对方以前撑力使其产生对抗劲力（引）；随即，合腰含胸化劲（化），右手横移，掏握对方右臂腋下；右转身约60°，右脚微向右外侧上步（进）；掏握上臂的右手向右侧发力捋带对方右上臂，破坏其身体重心，同时，左脚跟步，左手于对方背侧发力向前推出（攻）。（图4-130~图4-132）

图4-130

图4-131

第四章　太极竞技推手实用技法

图 4-132

(2) 掏手直推双人练习

动作同掏手直推单人练习。（图 4-133~图 4-138）

图 4-133 　　　　　　　　图 4-134

太极竞技推手

图 4-135

图 4-136

图 4-137

图 4-138

(3) 掏手转身推单人练习

推手基本姿势站立，右手前撑于对方胸前，左手控制对方

右手腕；右手给对方以前撑力使其产生对抗劲力（引）；随即，合腰含胸化劲（化），右手横移，掏握对方右臂腋下；左脚向对方右外侧上步（进），右转身约150°，右脚微向右外撤步，掏握上臂的右手向右后侧发力将带对方右上臂，破坏其身体重心，同时，左脚跟步，左手于对方背侧发力向前推出（攻）。（图4-139~图4-142）

图4-139

图4-140

图4-141

图4-142

### (4) 掏手转身推双人练习

动作同掏手转身推单人练习。（图 4-143~图 4-149）

图 4-143

图 4-144

图 4-145

图 4-146

第四章 太极竞技推手实用技法

图 4-147

图 4-148

图 4-149

动作要点：前撑手给对手一定的推力，引导对方产生抗力；胸腰化力自然，粘连黏随，不丢不顶；前撑手掏动对方手臂轻灵快速，控制上臂根部；进步转身要结合变腰力量。

易犯错误：

①前撑手没有让对方产生抗力，盲目进手掏；

②胸腰化力生硬，使对方察觉而不能继续走劲；

③掏手时，失去对对方上臂端的控制。

纠正方法：使用时不急不躁，逐渐引导对方和自己抗力；通过腰部开合活化练习，增强化劲能力以及隐蔽程度。

## 14. 掏手摔

该技术是掏手推的变化技术，掏手推之不成，迅速变化劲力回带向下发力。技术的难度比较大，属于推手技术中的高级技术。

### (1) 单人练习

推手基本姿势站立，右手前撑于对方胸前，左手控制对方同侧手臂；右手给对方以前撑力使其产生对抗劲力，合腰含胸化劲，同时右手掏握对方右臂腋下，左手助力，向右外上发力，破坏其身体重心；如果对方产生抗力，应瞬间改变发力方向，右脚向后撤步，合腰坐胯，双手向斜下方仆步大捋，直接将对方捋倒。（图4-150~图4-153）

图4-150　　　　　　　图4-151

第四章 太极竞技推手实用技法

图 4-152 　　　　　　图 4-153

(2) 双人练习

动作同单人练习。（图 4-154~图 4-161）

图 4-154 　　　　　　图 4-155

143

图 4-156

图 4-157

图 4-158

图 4-159

图 4-160

图 4-161

动作要点：前撑手给对手一定的推力，引导对方产生抗力；胸腰化力自然，粘连黏随，不丢不顶；前撑手掏握对方手臂时要轻灵快速，控制住对方上臂根部；做摔法时，改变力的方向要迅速敏捷，使对方猝不及防。

易犯错误：

①前撑手没有让对方产生抗力，盲目进身做掏手动作；

②胸腰化力生硬，使对方察觉而不能继续走劲；

③掏手失去对对方上臂近身端的控制；

④掏手动作完成后，改变力的方向不够迅速，易被对方以

"凤凰旋窝"等方法反制。

纠正方法：使用时不急不躁，逐渐引导对方抗力；通过腰部开合活化练习，增强化劲能力以及提高隐蔽程度；加强"撤步大捋"等基本招法练习。

### 15. 凤凰旋窝

该技术动作类似于太极拳套路中的斜飞式，在竞技赛场上是个出奇制胜的招数。

(1) 单人练习

推手基本姿势站立，右手前撑，左手腹前按掌；右手以前撑力给对方抗力的感觉，继续走劲向对方卖以破绽；待对方对己方使用掏手动作时，迅速松沉，同时前手借对方牵引位移插入对方腰部外侧至臂根部；回勾右前手，右转身，拧转腰胯向内、向下旋转，将对方旋倒。（图4-162~图4-164）

图 4-162　　　　　图 4-163

第四章　太极竞技推手实用技法

图 4-164

(2) 双人练习

动作同单人练习。（图 4-165~图 4-173）

图 4-165 　　　　　　　图 4-166

147

太极竞技推手

图 4-167

图 4-168

图 4-169

图 4-170

图 4-171

图 4-172　　　　　　　图 4-173

动作要点：前手撑力要做足，给对方能够使用掏手的错觉；借助对方掏手造成的手臂位移插入对方腰侧；回勾右前手要结合腰胯的旋转力。

易犯错误：①前手撑力不明显，不能成功诱骗对方或撑力过于真实，失去重心而为对方利用；

②插手入腰过于主观，没有借势而强插直入。

纠正方法：使用时不急不躁，逐渐诱骗对方使用掏手动作；练习抱抢假人等基本功；练习手臂发力与腰胯发力的衔接。

## 第六节　代表性技术

太极竞技推手的技术很多，由于篇幅的原因，我们只是挑选出几个代表性的技术加以简单说明。另外，所选取的代表性技术与单式技术虽有一些交叉和重叠，但在具体表述方面，不管是形式上还是内容上，都不尽相同，主要是为了让读者从不

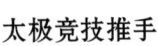

同的角度更好地理解一个技术（注：浅色衣服者为甲方，深色衣服者为乙方）。

## 1. 野马分鬃

①乙方困住甲方右臂；甲方顺势掤住乙方右手，同时沉肘粘住乙方左掌，使乙方劲力不致走空。（图 4-174）

动作要点：手臂撑开，沉肩坠肘，沉裆坐胯，甲方深刻了解动作意图，不要因为用力过度影响后续动作。

②甲方左脚上步，贴靠于乙方左腿外侧；右手右肘下采乙方左臂；上动不停，并立即以左手从乙方左腋下穿出，合力，将乙方拿住。（图 4-175）

图 4-174 　　　　　　图 4-175

动作要点：甲方捋带乙方来劲并随之左右换步，注意动作上下相随，衔接紧凑。

③甲方以腰胯发力，左肩和左上臂向左后靠打乙方，使乙方失重。（图4-176）

图4-176

动作要点：甲方发力沉稳、有力，动作必须连贯紧凑。

易犯错误：腰手不活，对顶，使用真劲。接劲时，绵软无力或者太过僵硬。断劲或主观，表现在动作松散、上下脱节，只注重手法不注重劲力变化。

纠正方法：单人练习时多体会手脚的配合，双人练习时注意接劲手和腰腹的整合感。

## 2. 转身按掌

①乙方缠抱甲方左臂；甲方立即沉肩将乙方力量粘住，不使乙方力量走空。（图4-177）

动作要点：甲方周身松活，预备时合住劲。

图 4-177

②上动不停。甲方左手拿住乙方肩窝并以左肘发力突然下采，迫使乙方向前失重；甲方立即主动后撤左脚，延长乙方失重距离。（图 4-178）

动作要点：甲方进劲捋带应上下相随，借力而动。

③甲方腰部猛然向左旋转，右掌发力下按乙方肩背部，使乙方失重前俯。（图 4-179）

图 4-178 　　　　　图 4-179

动作要点：甲方顺上势变劲，空腹实肩。

易犯错误：周身僵硬，生拉硬拽。只单纯地捋带，用力方向没有向下的力，影响后续动作。

纠正方法：练习手脚配合时多体会放松，注意用力的启动速度和用力方向。

### 3. 穿裆靠

①乙方以胸部压迫甲方身体；甲方顺势将乙方挑起，勿使乙方劲力走空。（图 4-180）

动作要点：甲方肩部用力不可过度，以免造成失重。

②上动不停。甲方以抖擞力惊起乙方重心；同时自己乘势下潜蓄劲。（图 4-181）

动作要点：甲方下潜时顺势调步。

③上动不停。甲方右脚进步，突然胸腰向前下方快速发力，将乙方靠倒，随即左脚跟进半步。（图 4-182）

图 4-180　　　　图 4-181

图 4-182

动作要点：甲方周身发力完整。

易犯错误：进步动作迟疑，胸肩发力不整，幅度不大。

纠正方法：先做单人练习动作的步法和身法的配合，待动作熟练后，再进行双人有条件的对练。

## 4. 跨步靠

①乙方加力沉坠甲方左臂；甲方就势沉肩拿住乙方，不使乙方转移。（图 4-183）

图 4-183

动作要点：甲方沉肩合劲一气呵成。

②甲方迅速上右脚，贴胯于乙方左腿外侧；同时，左掌发力，拿住乙方。（图 4-184）

动作要点：甲方跨步位置要准。

③甲方突然向右转体，肩部突然发力，靠打乙方，迫使乙方跌出。（图 4-185）

图 4-184 　　　　　　图 4-185

动作要点：甲方顺势靠肩。

易犯错误：没有顺势，上步困难，形成二次发力。

纠正方法：该动作的难度主要是不能够及时发现对方的漏洞和控制好敌我之间的距离。可以练习抓对方漏洞后的进步练习，在练习的过程中细心体会敌我的距离感。

## 5. 正手转身摔

①乙方右手穿入甲方左腋下，并施力上挑；甲方立即沉

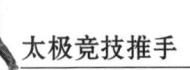

肩，将乙方劲力拿住，不使乙方走空。（图4-186）

动作要点：甲方周身松静，令对手劲力出现短暂停留。

②甲方左手下采乙方右臂；同时，向左后方撤步，延长乙方失重距离，右掌粘于乙方左腋下。（图4-187）

③甲方腰胯猛然向下发力，迫使乙方前俯。（图4-188）

动作要点：甲方动作连续完成。

图4-186 　　　　　　　　图4-187

图4-188

易犯错误：动作生硬，硬接硬顺并且动作过程有间断，给对方反应时间。

纠正方法：先练习单人动作，待动作速度和劲力基本成型后，再进行双人实战练习。

## 6. 转身云手摔

①乙方横裆步面向甲方，双掌推按甲方胸腰部位；甲方立即向下采按乙方，并将乙方粘住，不要使乙方力量走空。（图 4-189）

动作要点：甲方沉腰，实腹。

②甲方右臂顺势从乙方右腋下穿出，合力控制住乙方重心，注意沉腰。（图 4-190）

动作要点：甲方顺势穿掌时，不要丢劲断劲。

③甲方腰部顺势右旋；同时，右臂平抹乙方腰背，迫使乙方失重。（图 4-191）

图 4-189　　　　　图 4-190

图 4-191

动作要点：甲方旋拧时可调步。
易犯错误：动作生硬主观。动作幅度太大，动作启动太明显。
纠正方法：进行桩功练习，特别注意虚其胸实其腹的练习。注重练习动作的启动速度。

## 7. 按肘摔

①乙方推按甲方前胸；甲方立即随势掤拿住乙方，不使乙方力量走空。（图 4-192）
动作要点：甲方接劲时，周身松绵。
②上动不停。甲方乘乙方尚未换劲，突然

图 4-192

左腿上步，左掌下采乙方右臂，迫使乙方手触地（竞技比赛中手触地也为跌倒）。（图4-193）

图 4-193

动作要点：甲方调步要快，不要让乙方换劲。

易犯错误：时机不好，给对方换劲机会；动作僵硬。

纠正方法：本技术动作要求时机要拿捏得特别准确，只有多多练习才能掌握此技术，练习时要变换一些对手，因为长时间不换对手，对手会自然不自然地产生反抗力，对于练习者在时机方面的把控练习没有好处。

## 8. 掏手摔

①乙方右掌推按甲方胸部；甲方立即将乙方手臂粘住，不使乙方劲力走空。（图4-194）

动作要点：甲方周身松活。

图 4-194

②上动不停。甲方顺势将右手从乙方右腋下穿出，合力将乙方重心控制住。（图 4-195）

动作要点：甲方顺势调劲。

③甲方腰右旋，将乙方身体向右引起；同时，上左脚，落于乙方背后，双掌搭于乙方肩部。（图 4-196）

动作要点：发力要突然。

图 4-195 　　　　　　图 4-196

④上动不停。甲方腰胯猛然下挫发力，双掌向下拉带乙方肩膀，迫使乙方跌倒。（图 4-197）

图 4-197

动作要点：甲方下挫时周身发力。

易犯错误：生拉硬拽，动作生硬；动作太明，显露意图。

纠正方法：本技术可以分步骤练习，首先练习掏手的动作，待动作的整齐度较高后，再练习进步进身。

## 9. 凤凰旋窝

①乙方右掌推按甲方胸部；甲方立即将乙方手臂粘住，不使乙方劲力走空。（图 4-198）

动作要点：甲方胸部不可太松，也不可太实，以能粘住乙方手臂为准。

②上动不停。甲方顺势将右手从乙方右腋下穿出，合力将乙方重心控制住。（图 4-199）

图 4-198　　　　　　　　　图 4-199

动作要点：甲方左掌应轻轻控制乙方前臂，右手从乙方腋下穿掌时不能丢劲。

③上动不停。甲方闪身于乙方体侧，右掌向右后方连续平抹乙方腰背，迫使乙方前跌。（图 4-200）

动作要点：甲方平抹时腰手同时用力，掌心向下。

图 4-200

易犯错误：单纯以掌平抹，胸部松实失度，导致乙方可以完全控制住甲方。右手从乙方腋下穿掌时丢劲。

纠正方法：单独练习穿掌动作，强化用力方向和劲力不丢，同时调整胸部松实度，重点是要控制住对方。

## 10. 进步靠

①乙方困住甲方左臂；甲方顺势掤住乙方左手，同时左掌托住乙方右肘，使乙方劲力不致走空。（图4-201）

动作要点：甲方搭手时要放松，引进乙方力量。

②甲方左手移接乙方左腕，猛然下挫采按，迫使乙方重心产生僵滞。（图4-202）

图4-201

图4-202

动作要点：甲方接腕、下挫要一气呵成，中间不能间断，下挫时要有力。

③上动不停。甲方上右步,猛然靠打乙方,迫使乙方向后跌出。(图 4-203)

图 4-203

动作要点:甲方上右步时,手臂不能丢劲,靠打时要周身一气,发力时要短促,力量集中于肩部。

易犯错误:发力没有力点,手法松散。用力太大,周身不灵活,失去变化手法的机会。

纠正方法:双人练习时要注意手法控制对方的手臂,逐步找到距离感和力点。练习发力的控制,主动控制力量的方向、作用点。

# 第五章　太极竞技推手的竞赛

> **本章阅读提示：**
> 1. 试论推手异形场地和变异攻防的弊端。
> 2. 试谈太极推手比赛的禁忌。
> 3. 比赛出现严重损伤的救治原则是什么？
> 4. 影响比赛结果的因素通常有哪些？
> 5. 什么是推手战术？

## 总　论

太极竞技推手是接触性对抗项目，是在力与技的极端冲突条件下表现出来的对抗之美。

比赛与比武不同，决定一场比赛胜利的因素有许多，会受到技术、体能、心理、场地、规则等多方面的影响和制约，甚至灯光、气候等因素也会成为影响一场比赛胜负的因素。因此体育比赛会出现许多偶然性，这也正是体育比赛的魅力所在。运动员和教练员要密切配合，共同努力克服重重难关，才能最终取得胜利。

# 第一节　太极竞技推手的技术范畴和要求

太极竞技推手的正式名称为"武术太极推手比赛",国家体育委员会组织专家审定编写了《武术太极推手竞赛规则》,规定了比赛的组织办法、竞赛程序和技术范畴、评判标准和罚则。

《规则》禁止生拉硬拽、搂抱、抓握,或用脚勾、踏、绊、跪,亦不允许出现拳打、头撞、撅臂、擒拿、抓头发、点穴、肘尖顶、捞裆、扫腿、膝撞、扼喉、脚踢等动作。双方必须贯彻"粘连黏随""刚柔相济"的原则,采用"掤、捋、挤、按、采、挒、肘、靠"八法及相应的步法进行比赛。

太极竞技推手技术包括太极拳所有流派的招式招法,进攻部位为颈部以下、耻骨以上的躯干和上肢部位。

《规则》对违例者予以相应处罚,主要包括"技术违例""侵人犯规"等,运动员"技术违例"一般会受到"动作无效"或"劝告"等处罚。

"侵人犯规"一般会受到"劝告"或"警告",严重者会被取消比赛资格。

# 第二节　太极竞技推手比赛的场地

通常推手比赛场地是一块直径6米的圆形场地,用以全面表现运动员技法、身法、步法。

## 第五章　太极竞技推手的竞赛

场地边缘画有 5 厘米的边线，场地中心画有直径 50 厘米的太极图形。地面经过防滑和减震处理，四周 2 米范围内设有防护垫，防止运动员受伤。（图 5-1）

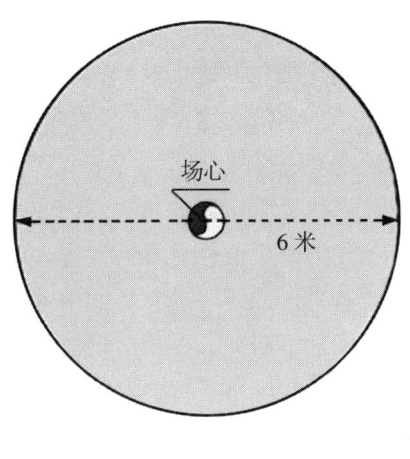

图 5-1

推手比赛有时也会在一些特殊规格的场地上进行，因其限制了太极十三式的全面运用，不利于全面施展技法、身法、步法，故不被国家武术院正式采用。异形场地有以下几种：①2 米或 4 米直径的圆形场地；②圆形场地内加画一个长方形内场；③条形场地；④立桩形场地。

此外，推手比赛双方采用太极十三式相互攻防，但个别时候也有些变异，例如有的推手比赛采取一方防守，另一方进攻，然后双方交换攻防等。同样，这些变异因为限制了运动员技艺的表现，不能展示推手的精髓而被广大运动员拒绝。

异形场地和变异攻守不是推手比赛的主流，故只作为扩展知识，一般了解即可。

## 第三节　推手训练中心理素质的培养

教练应当熟习太极推手技术，认真分析队员情况，明确训练方向，结合实际情况细化训练指标，科学训练，使队员在基本功、基本技术、身体素质、心理、战术修养等方面得到提高。训练可使运动员的最大吸氧量、最高心率、血乳酸系统、CP、ADP、ATP、磷酸盐等水平改善，提高心血管系统水平，提高力量、速度、耐力、灵敏性、柔韧性等运动机能，也是提高推手技能的重要基础。此外心理素质的培养亦极为关键。

依据现代运动心理学研究，推手运动员心理主要涉及感知觉、情感与意志、气质与性格、智力水平等。

感知觉："距离感"是推手运动员的专门化知觉，即空间距离知觉和深度知觉，包括自身与对手之间距离的识别、自身动作之间及活动范围的识别、自身力量与对手力量深度的识别。这些识别主要依靠视觉、动觉以及大脑皮质相应中枢协调活动，充分发展差别感受性而产生。精锐和细致的距离感是推手技战术中最重要的心理学基础之一。常在距离估计误差、时空知觉判断和深度知觉等方面培养和提高运动员水平。

推手竞技心理和推手技术是同一事物的两个方面。较好的心理素质有助于有效发挥技术，为赢得胜利打下基础。实战心理素质应具备以下内容。

### 1. 机智多谋

机智多谋是指推手运动员分析、判断方面的智能思维能

力。它包括赛前思维和比赛心理活动等方面，是克敌制胜的意识因素和脑部活动。在双方旗鼓相当的情况下，谁智胜一筹谁就有可能掌握比赛的主动权。

一个好的推手运动员除具备较好的体魄和技术外，还必须要高度重视智力的投资，不断加强机智行为方面的科学训练。赛前推手运动员科学细致地分析形势，力求知己知彼，根据初级信息在头脑中反映出来的各种预见性来制订比赛方案，选择好比赛战术。

## 2. 勇敢无畏

竞技博弈，情况瞬息万变，随时可能出现稍纵即逝的制胜战机，也可能出现"一招不慎，全盘皆输"的危机。这就要求竞技者要具备超人的胆略，面对错综复杂的形势，迅速做出决定，坚决付诸实施。

训练过程中要大力培养和提高运动员心理适应水平，既要勇敢无畏，又要心细如丝。无论对方的容貌有多凶狠，身材有多结实，实力有多强大，都不能被对手所吓倒。对方进攻我则严阵以待，坚决反击；对方防守我则寻找敌人的弱点，伺机发起进攻。智勇结合，巧妙应对，争取主动，避免出现盲目的勇猛。

## 3. 信心坚定

信心是运动员心理素质之本，是取得胜利的精神支柱。信心坚定的人相信自己的力量，不容易在挫折面前被压垮。平时训练过程中应逐步提高运动员对于所处困境的适应性，使之不表现出灰心、失望、放任自流等软弱行为。

通过条件练习，要求队员不因一次失利或失败而使战斗力有所减弱，更不会因长时间的对垒而丧失夺取胜利的信念。在必胜心理的支配下，推手运动员应始终保持着士气高昂的精神状态；在必胜心理支配下，爆发出异乎寻常的力量甚至扭转败局。

### 4. 比赛中的自我调节

比赛场上千变万化，双方心理也在不停变化，及时自我调节才能步步为营或转危为安。良好的自我调节指的是能够控制自己的情绪和行为。表现为上进心，则善于自我竞赛；表现为信心，则能够充分发挥"自我暗示"的作用，即使已经处于劣势，也总是鼓励自己；表现为行为过程，则善于"自我强化"，对自己的行为设定具体标准，并通过行为结果来控制自己新的行为。自我调节有三种常用方法：一是自我激励法，二是自我暗示法，三是想象训练法。

### 5. 模拟对抗与总结提升

建立在对象、环境、规模等条件下的模拟训练即是模拟对抗，与实战相仿情况的训练可以提高运动员的针对性、适应性。通常陪练员根据不同的技战术要求进行模仿，练习者在反复刺激下运用相应的攻防技术做出积极反应。在模拟对抗中培养的技能，无论好坏与否，都将在竞技场上支配推手运动员的行为。一旦技能在训练中被磨练到自动化的程度，即便在特别困难的情况下，推手运动员也会做出正确、本能的反应。

有总结才有提高。在推手训练和竞赛的过程中应及时、客观地进行自我总结，既要激励自己，坚定信心，又要找差距，分析缺点和不足，力求改正和提高。只有通过不断学习、刻苦训练，不断通过实战总结经验，吸取教训，丰富知识，提高技术和心理适应能力，才能成为具有极佳素质的优秀运动员。

### 6. 激励

所谓激励是指人们通过肯定和强化某种思想动机，以达成目标的心理过程，有效的激励方法能培养和强化人的心理素质。

水激石则鸣，人激志则宏。有效的激励能使个人、团队坚定必胜的信念，保持高昂的士气，激发巨大的潜力，提高竞争力。常用激励的方法有：目标激励法、奖惩激励法、关怀激励法、宣传鼓动激励法以及身先士卒的表率激励法、"士为知己者死"的激励法、"优胜劣汰"的竞争激励法、困难环境激励法。

提高心理素质的途径、方法很多。无论选择哪一种方法，在组织心理素质训练时，都应该遵循心理规律，注意到心理教育不能代替心理训练，必须把二者有机结合起来。

## 第四节　太极竞技推手的胜负因素

进行太极竞技推手比赛，就一定要分出来一个胜负，胜与负的因素都有很多，例如在体能、技术、战术、心理、智力等很多方面，我们都可以逐条论述很多。为了更鲜活地展示出太极竞技推手的胜负因素，我们不妨从经典比赛中加以提炼和总结。

## 一、经典战例中的失败因素

### 1. 过分投入，夜不能眠

2002年4月"北京市太极拳、剑、推手"比赛65公斤级冠亚军争夺战，肖越仅仅以一分之差，憾负新华职高武术队的队长郎言斌。

肖越是国际关系学院武术队最负责的队长之一，绰号"典范队长"。每天早上，他都会带领新老队员练习10遍太极拳，晚上自己再练拳10遍，两年来天天如此，风雨无阻。为提升自己的身体素质，他每周自己或者带队员跑香山，这样才使他从一个文弱书生成长为坚毅有力的武术队队长。在他的带领下，武术队奠定了勤勉质朴、不畏险阻、顽强坚韧、永不言败的队风。（图5-2~图5-4）

图5-2　肖越在比赛中　　　图5-3　肖越习武照

第五章　太极竞技推手的竞赛

图 5-4　赛场上的肖越

肖越对于比赛太投入，他非常渴望在北京市拿到该级别的推手冠军，以至于比赛前两天睡眠质量特别差，为了睡个好觉，肖越在学校后面租了一个安静的小房，但仍然由于过度兴奋，比赛前一天的夜里还是大眼如灯，基本上是彻夜未眠。那次推手比赛是在下午，上午的太极拳套路比赛之后，肖越就困乏难忍，幸好我们带了垫子，肖越就在简易的体操垫子上呼呼地睡着了。

比赛当然很激烈，但肖越的状态明显低于平时的训练水平，本来实力占优的肖越仅仅以一分之差，憾负对手。

## 2. 骄傲是失败的种子

常青，身体素质超强。虽然绰号叫常胜将军，但大四的一场失败，注定是他心中的痛。为了激励他我坚持还用他这个绰号，在失败中站起来才是真正的常胜将军，才是松柏长青的常青。

常青的主要成绩：2006年6月国际关系学院四届散打比赛中荣获最佳新人奖；2007年4月参加二零零七"浙商杯"武术太极拳比赛，荣获75公斤级冠军；2008年北京市"和中杯"武术太极拳比赛中荣获75公斤级冠军。从大一到大三，常青参加的所有散打和推手比赛中，他未尝败绩，所以人送绰号常胜将军。大四了，常青开始实习和找工作，实习地点距离学校很远，训练没办法保证。但是教练和队友都没有放在心上，认为以常青的实力在北京市不会有对手。

在2009年4月的北京市太极推手比赛中，常青首轮遇上一个常年练习摔跤的40多岁的大叔，身材上和常青相比明显要单薄许多。胜利只是时间问题。谁都没有想到的是，就在第一局的尾声时段，常青把大叔推到圈边，大叔的一个转身挑钩子，把常青摔出圈外，倒地出圈5分。虽然第二局常青全力反攻，把大叔打得坐在地上直喘粗气，裁判叫站起来，都要磨叽十几秒钟才能起来。当然人家这叫拖延战术，或者是体力透支的无奈。这一年的常胜将军败了，败得让人无法接受。当天深夜常青给教练打电话，说睡不着，要向教练说对不起，辜负了教练的信任，说着说着就失声痛哭起来。（图5-5~图5-7）

图5-5　常青　　　　　　图5-6　常青生活照

第五章　太极竞技推手的竞赛

图 5-7　常青在比赛中

## 3. 体能是获胜的基本保障

　　2012年北京市"陈照奎杯"太极拳推手比赛中，国际关系学院武术队队员张洵赫（绰号：傲天飞鹤）首轮便对阵其时已斩获七届北京市太极推手冠军的老将——尹秋侠。此次比赛是张洵赫第一次大战，紧张多少有一些，但他还是面无惧色，跃跃欲试。虽然通过教练、师哥赛前的分析或多或少了解到了对手的强大，可因为赛前每天努力刻苦的训练，和对正反手摔这单一技术的仔细钻研练习使洵赫能够镇定下来，全身心地投入比赛。

　　尹秋侠比赛经验丰富，身形壮实，中等个头，身体整劲很强，桩步极稳，并且擅长左脚在前的反桩，几年来从未倒地失分。张洵赫身形瘦长，爆发力较强，脚步灵活，发力连贯，善于周旋，但并没有比赛经验。场下队员，包括教练对洵赫获胜本不抱期望，但仍旧给予其鼓励，并一起讨论战术，希望洵赫能打出自己的风格。比赛开始，洵赫初生牛犊不怕虎，先发制人，一鼓作气把对手推出圈外，斩获一分。接下来又再接再厉，使出国际关系学院的优势技术——正手摔，无奈尹秋侠十分稳定，一招正手摔并没有作用，但紧接着洵赫扭转身形接了一招反手摔，对手身形踉跄，借此机会，洵赫立刻又打出一招正手摔，对手再也支撑不住，重重地跌在地上。洵赫斩获3分。正在全场叫好，洵赫松了一口气之时，尹秋侠发起了反击，用左腿及左臂固定住洵赫，因为注意力分散，以及不适应左边攻击，洵赫丧失了重心，被推出圈外。

第二局，洵赫体力明显下降，不慌不忙的尹秋侠再次以左腿踏于洵赫身后，以严密的桩步将洵赫控制并打乱其桩步，找准机会，将洵赫摔倒在地。此时二人分数相同，洵赫已经基本丧失体力，但仍旧拼命进行着无效进攻。结果反被尹秋侠抓住破绽，再次被稳稳地推出圈外，锣声响起，比赛结束，洵赫一分惜败。下场后两人热切交谈，互相学习，至今仍是好朋友。

赛后总结中师生一致认为洵赫的体能是他本次失利的最主要原因。特别是对付尹秋侠这类基本功扎实、比赛经验丰富的对手时，没有过人的体能作为保障是万万不行的。第二年的比赛，教练针对尹秋侠为洵赫量身制订了训练计划，其中体能训练占的比重很大。但因饮食丰富，次年体重超了1公斤，无法对阵尹秋侠。不过他仍旧没让全队失望，奋力拿下2013年北京市"孙剑云"杯75公斤级太极推手冠军，可喜可贺。（图5-8、图5-9）

图 5-8  张洵赫在比赛中　　　　　图 5-9  比赛获胜

## 4. 受伤是运动员最大的天敌

提起"啸天神龙"——钱龙来，在北京市推手界也是响当当的人物，2008、2009、2010 年北京市推手三连冠。在 2011 年北京市推手比赛中留给大家的却是经典的伤痛。2011 年钱龙拜在擒拿名家赵大元先生门下，习练赵氏擒拿，在一次练习反关节过背摔时，他 200 多斤的体重摔下来，不小心崴了脚踝。轻伤不下火线，钱龙参加了 4 月份的北京市推手比赛。凭借钱龙可以单手做引体向上（110 公斤的体重）的超强力量，在前几轮他所向披靡，但脚伤也开始隐隐作痛，脑门上的汗水不是累出来的，而是脚伤痛出来的。决赛的对手是本次比赛的赞助商申佰圣（一个餐饮公司）外请的多届全国推手冠军、大名鼎鼎的王峰。刚一上场，王峰就利用他的杀手锏，"前肩靠"有力地撞在钱龙的胸口上，在前几轮，王峰就是用这个技术打倒了所有的对手，可谓让"前肩靠"惊艳了北京，但这个技术在钱龙身上一点反应都没有。王峰也不甘心，使用了一个干扰技术后，又是一个"前肩靠"喷涌而出，钱龙暗暗一笑，未等王峰站稳，一个正手摔，重重地把全国冠军摔倒在地，场

下一片哗然，大家都不敢相信自己的眼睛。王峰不愧是优秀的全国推手冠军，他的观察力和感知力非常强，通过第一局的对垒，王峰发现或者是感知到了钱龙右脚的薄弱。第二局（比赛一共就两局）王峰连续使用"搂膝拗步"技术将钱龙推出圈，时间一分一秒地过去了，大家都被这经典的比赛场面吸引了，其实这时已经到了1分半钟的比赛时间，也可能是裁判也被"二龙抢珠"的场面深深地吸引了，如果此时敲锣，那么大名鼎鼎的王峰在北京就结结实实地摔倒了。王峰不断使用可以看到效果的"搂膝拗步"技术，足足打了2分钟，锣终于响了，当然此时的王峰以1分领先钱龙。赛后，王峰主动留了钱龙的电话，拍着钱龙的肩膀赞许有加。

　　本场比赛我们不说其他因素，解剖失败的原因，最重要的是钱龙的受伤，如果没有脚伤，以钱龙的聪明和实力，再加上教练的提醒，他不可能在一局中连续4次在一个简单的技术动作上丢分。当然王峰也不愧是多届全国推手冠军，面对比自己体重大了至少20多斤的强大对手，还在比分落后的情况下能绝地反击，最终获胜。（图5-10~图5-13)

图5-10　钱龙在比赛中　　图5-11　钱龙在比赛中

第五章 太极竞技推手的竞赛

图 5-12 钱龙大战王峰　　　　图 5-13 钱龙与王峰

## 5. 比赛经验是运动员成熟度的标尺

2014 年北京市举行"孙剑云杯"武术太极拳比赛的推手项目。比赛第一轮是国际关系学院武术队的缪颖对阵海洋瑞尔队的宋海涛，两个人都是第一次参加北京市的大赛。在第一局各自都只得到 1 分。进入第二局缪颖首先发力，将宋海涛摔倒在圈外，倒地出圈是得 4 分的。比赛时间也基本上过去了大半，5 比 1 的比分，胜利基本上是没有问题了，但后面的情况却让教练和队友大失所望，宋海涛先是一个快速前推将缪颖推出圈外得 1 分。比赛时间还有十几秒钟，两者还是不停地缠斗，宋海涛比分落后，拼命地进攻，缪颖则是一味地抵抗，一个倒地出圈，缪颖一下子丢了 4 分，还有几秒钟就结束比赛了，居然倒地出圈丢 4 分。最终 5 比 6 的比分，缪颖落败，教练和队友都难掩失落，虽然说有这样戏剧性变化的比赛才好看，但这样的失败太低级了，还有十几秒钟的时间，5 比 2 的

179

领先优势，只要是不倒地，再出圈两次也不会影响胜负的结果。比赛经验太重要了，年轻的缪颖在这个环节踏踏实实地上了一节课。还好他还刚刚大一，以后的路还长。（图5-14~图5-17）

图5-14 缪颖（黑衣者）在比赛中　　图5-15 缪颖（黑衣者）在比赛中

图5-16 缪颖（黑衣者）在比赛中　　图5-17 缪颖（黑衣者）在比赛中

## 6. 规则在比赛中占据非常重要的地位

2011年国际关系学院推手队参加在山东淄博梓童山举办的"2011年梓潼山首届国际推手擂台赛"。本次比赛的规则是可以使用挑勾子、扫腿摔、过背摔等摔跤中的动作，如散打中的下潜抱双腿也是允许使用的，还有瞬间搂抱使用技术也是可以的。对于我们从北京出来的队员来说，以上技术在北京市推手比赛中一直是明令禁止的，所以在这次比赛中，北京市四届推手冠军文健龙在第一轮就被全国冠军王峰的学生连续使用摔法摔倒。赵燕斌在半决赛的对手是扬州大学的体育特长生。刚一搭手赵燕斌就被他用腿扫倒。还好燕斌的力量要大于对手，而且燕斌的腿、臂要比他长。燕斌采取了站稳、推出去的战术，这样他就够不到燕斌的腿，摔法就没有发挥的空间，所以燕斌能够以微弱的优势获胜。但在决赛中燕斌的对手是扬州大学推手队的队长，摔法技术非常出色。燕斌在力量不占优势且不熟悉规则的情况下只能屈居亚军，可见规则在比赛中的重要性。（图5-18~图5-20)

图5-18 梓潼山推手比赛精典瞬间

图 5-19　梓潼山推手比赛精典瞬间

图 5-20　梓潼山推手比赛精典瞬间

## 7. 不容忽视的裁判和观众因素

虽然作为教练员不应该对裁判品头论足，但作为胜负的关键，裁判的因素就不能不提。2014年的北京市太极推手比赛中，练习摔跤的"陈照奎社"的赵洪泉对阵"华城武术社"的

郑豪，不论是爆发力还是其他基本素质都高出对手一大截。但由于使用摔跤动作，4次劝告，最终落败。其实如果赛事规定某个技术动作不能使用，如果使用，当然必须给予劝告或者警告，但是为什么还会出现裁判问题呢？前两年的推手比赛裁判长是王某某，今年的裁判长换成了张某某，前两年已经放开这个技术，例如过背摔，裁判没有给予劝告或警告，某些运动员在训练时，还重点练习这个技术，好不容易练出了一些体会，准备在赛场上大发神威，可是今年的比赛由于换了裁判长，这个技术又被封杀了，只要你敢用，就给你劝告。可见裁判的因素不容忽视。

还有就是观众的因素影响比赛结果。其实说到底，还是裁判的因素。某年北京推手赛场上，两名队员打得异常激烈，观众的情绪高涨，赛事的主办方领导也近前观看，这时场下女观众大声叫喊着"打死他""打死他"，主办方领导当然不能容忍运动员"死"在场地上，于是怒斥该女观众，场上裁判也很机灵，当时就给场上本方运动员警告，规则中没有这一条，被罚2分，直接导致该队员决赛的失利。

## 二、经典战例中的胜利因素

### 1. 坚毅品质是优秀运动员的制胜法宝

2004年4月参加"德印杯"太极拳、剑、推手比赛前夕，我院第一次举办"武林风"散打主题晚会，现任武术队队长的刘丁是负责人，刘丁，人如其名，他有股不懈的钻劲。他身体素质一般，爆发力差，但训练非常刻苦，肯动脑，领悟力强。在国际关系学院武术队四大项目（推手、散打、太极、形意）中，他都能跻身三甲，能做到这一点的学生应是寥若晨星，在我院武术队中实属第一人，人送绰号"开国元勋"。举办一场大型晚会，方方面面、千头万绪，工作非常繁忙。繁忙中，他在小摊上随便吃了一顿饭，就上吐下泻，多日的连续作战，本已很辛苦，加之突然生病，一个平日里熠熠生辉的魁梧汉子一下子变得黯淡无光了。晚会期间他拖着病体，安排拉赞助，筹划节目，租服装，组织二次彩排，几十人的调度、协调，他还能有条不紊。晚会举办得非常成功，但刘丁肠胃的病还没有好。

紧接着就是北京市的"德印杯"太极拳、剑、推手比赛，由于是提前报名，刘丁也是参赛运动员。教练劝他不要参加比赛，好好养病最要紧，刘丁轻描淡写地说，战士轻伤不下火线。刘丁连续打了3轮比赛，最终获得85公斤以上级冠军。特别是第3轮的冠亚军争夺战，刘丁比对手整整轻了30斤，虽然技战术上有明显优势，但教练和队友都看得出来，他是在拼命地坚持，看到他时不时地抓按他的胃部，并极力掩饰他的痛楚。看到这一幕，没有人不被这个坚强、刚毅的学生，这个年纪轻轻却满腔热忱的东北汉子，这个无私、无畏的国际关系学院武术队队长感动。（图5-21~图5-23）

图5-21 刘丁　　　　图5-22 刘丁习武照片

第五章　太极竞技推手的竞赛

图 5-23　刘丁拳照

## 2. 沉着睿智是获胜的金钥匙

2000年4月，国际关系学院武术队参加在朝阳区体校举办的北京市太极拳大赛，在80公斤级的决赛中，姜燕诚对阵一个身材不高但很结实的壮汉，裁判非常明显地偏袒对方选手，气得刘教练在场下失控地大嚷起来，反而是姜燕诚在中场休息时，安慰教练说："教练您放心，对手的水平不如我，我一定能赢他，不用去搭理这个裁判。"他的沉着冷静，给教练吃了定心丸，对裁判的错判也只是微微一笑，容易判为犯规的动作不做了，而且常常有意地暴露自己的破绽，步步后退，引对方深入，快到边线时，对手看到了得分的希望，全力进攻，当然这正是燕诚想要的，闪躲、反攻、发力，对方被重重地摔倒在地上，毫无争议，郁闷的裁判没有办法只能给分（注：这名裁判再也没有出现在北京市的推手赛场上），睿智灵光的姜燕诚最终获得北京市太极推手冠军，并获得了国际关系学院武

术队的首个推手冠军证书。燕诚的大照片也当之无愧地被挂在警体房的英豪榜上。作为国际关系学院武术队第一个北京市推手冠军，姜燕诚保持着他一贯的沉着老练、睿智通达，他曾协助刘教练策划"国际关系学院五十年校庆"武术表演，协助教练组织武术培训班等许多工作，受到院领导和师生的一致好评。他也成为了国际关系学院推手旗帜性的人物。当然最不能让人忘记的还是他赛场上的冷静和睿智，人送雅号睿智将军。（图5-24~至图5-26）

图5-24　左1兰白衣者为姜燕诚

图5-25　邸国勇先生为姜燕诚颁牌

图 5-26　姜燕诚（白衣）在比赛中

### 3. 勤奋训练是获胜的基石

"十年磨一剑，霜刃未曾试。今日把示君，谁有不平事？"

国际关系学院武术队设立全勤奖，文健龙当之无愧！规定训练日自不必说，就连周六周日他也不放过！某周日寒风大作，健龙久久未现身警体房，队友窃道："莫非今日即是健龙破功之时？"怎料，队友等刚跨出体育馆即见文健龙在跑道上迎风狂奔！须发尽乱！气势惊人！大有风雨无阻、佛挡杀佛、神挡杀神之势！壮哉！武术队"最勤奋的人"——文健龙！从大一到大四也就是从 2006 年至 2009 年，他豪取北京市太极推手比赛的四连冠，成为国际关系学院武术队的第一个四冠王。

文健龙的成功，和他的身体素质超群有关，但最重要的还是他训练非常刻苦，一个正手摔他每次完成教练安排的运动量之后，自己还加练 100 次的正手摔，所以在那几年的北

太极竞技推手

京市赛场上和他交过手的运动员都惧怕他的正手摔，也就是因为文健龙，正手摔才成为国际关系学院武术队的代表性技术。岭南虎将——文健龙也当之无愧地成为国际关系学院院队有口皆碑的德才兼备、文武双修的领袖人物。（图 5-27~图 5-29）

图 5-27　文健龙在比赛中

图 5-28　文健龙（白衣者）在全国推手比赛中

第五章　太极竞技推手的竞赛

图 5-29　文健龙在北京市推手比赛中夺冠

## 4. 拥有超强的意志力就拥有了一切

2003年北京市"申佰圣杯"太极推手比赛中，于飞在半决赛中的对手是带出众多北京市推手冠军的金牌教练——许义林麾下的第一猛将、新华职高队副队长——张孟龙。赛场上的张孟龙真似猛龙翻江，大比分战胜对手后杀进四强，和于飞相遇。两者以前都听说过对方是个勇将，但赛场上没有真正地交过手。场下的两个人都摩拳擦掌地等待着即将到来的火星撞地球。比赛终于开始了，场上裁判是刘延峰，两者礼貌性地行礼后，就开始了真刀真枪的较量，第一局比赛，两个人都未能得分，可见双方的实力相差无几。第二局开始了，在中学是5项全能运动员的于飞，超强的身体素质发挥出了作用，在两虎相争的过程中逐渐占了上风，将孟龙推出圈1次得1分，摔倒1次得3分。可就在此时，孟龙的猛将作风开始上演，他嚎叫着，一个侧闪差点把于飞摔倒，马上一个进步前推把于飞推出圈，得 1 分。裁判刚说开始，孟龙就又扑了上去，还是同样的技术，侧闪加进步快推，于飞连续后退两步到了场地的边线，身体一沉，奋力抵挡住孟龙的快推。孟龙也是一不做二不休的作风，使出全力非要把于飞推出圈外，于飞身体已经后仰，形成被动之势，他看抵抗不能奏效，就马上一转身，把 160 多斤的孟龙硬生生地掀了起来，可孟龙哪里肯轻易倒地，就直直地砸向于飞，合起来 300 多斤的体重就这样重重地砸在了木地板上，孟龙不好意思地挪开了他压在于飞头上的厚重的身体。裁判宣判先后倒地，黑方（张孟龙）得 1 分。此时的于飞双手抱着头，疼得在地上打着滚，场边的人都站了起来，关切地注视着。裁判刘延峰也愣住了，过了好一会儿，才关切地说："不行的话，还是弃权吧。"但见于飞机灵地站起来，大吼一声："我教练还没说让我弃权呢！"这一情景把裁判和孟龙都吓了一跳。比赛继续开始了，孟龙看着咬着牙坚持的于飞，长叹一口气。因为孟龙知道刚才撞击头部的力度，一般人根本就站不起来，就算是孟龙自己也不一定能站起来。他知道他不是面前这个人的对手，他真的从心底里佩服这个对手，一个绰号叫无敌悍将的真正男子汉。

随后的决赛，教练一再让于飞放弃比赛，但于飞恳求教练，说他没有问题，可谁都看得出来，他在强忍着头颅欲裂的痛。比赛结果是令人满意的，可能是决赛的对手也被他的意志力所折服。赛后，张孟龙和于飞成了好哥们，算是英雄相惜吧。

## 5. 气势如虹，勇字当先

看看袁考大学四年的成绩就知道，他是继刘丁之后的又一

个全能型队员，武术套路、散打、推手样样精熟。坚毅刚猛中不乏文质彬彬，是国际关系学院武术队不可多得的帅才。

先看看他的成绩：2003年11月，"北京市高校武术比赛暨首届散手邀请赛"男子双器械（钺）第四名。2004年国际关系学院散打比赛轻量级冠军。2004年4月，"德印杯"太极拳、剑、推手比赛，获65公斤级冠军。2005年，国际关系学院对北京化工大学散打比赛获70公斤级冠军。2005年4月，北京市"陈照奎杯"太极拳比赛暨武术太极拳社会体育指导技能大赛，获推手70公斤级冠军。2006年北京市太极拳推手比赛获70公斤级亚军。

众多比赛中，给我们留下最多记忆的是2005年的那场推手比赛。2005年袁考已经开始备战考研，由于是跨专业考北大的研究生，所以袁考向教练请了长假，一心备战考研，从早到晚只有在自习室才能发现他的身影。由于比赛的前一个月一名队员受伤，面对高手如云的北京市推手大赛，本级别的新人又难担大任，教练在万难之际，只能探问袁考，具有大局意识的袁考二话不说，欣然同意。一个月的备战，也只能是蜻蜓点水，简单地恢复体能，象征性地实战，熟练技术动作的任务还没有完成，就已经到正式比赛日了。

没有系统训练的袁考，反而在赛场上超水平发挥。第一轮的对手不是很强大，袁考第一局就以15比0的大比分优势获胜。第二轮的对手是个老外，身高体健，从一身的腱子肉就能看出这个老外不是吃素的。面对强大的对手，反而激发了袁考（绰号：威风大帅）的斗志，每一次得分，袁考都振臂高呼，威风大帅用如虹的气势逐渐把老外的信心一层一层地剥落。第三轮的冠亚军争夺战，对手是个个头不高的车轴汉子，刚一上场，袁考低吼一声，一个正手摔，把对手摔倒在地，虽然对手

的实力不俗，但两局比赛，袁考始终没有让他抓住机会，又一个冠军诞生了。在近一年多没有系统训练的情况下，袁考为什么还能显示超强的实力？场下一席话也道出了原委。袁考承认他的获胜虽然有一定的基础作为保障，但获胜的最重要因素还是敢于拼命的勇气，正所谓两虎相争勇者胜。在随后的研究生考试中他以第三名的好成绩考上北大研究生，成就了国际关系学院武术队的一段传奇佳话。（图5-30~图5-33）

图5-30　袁考获胜

图5-31　袁考在比赛中（短裤者）

第五章 太极竞技推手的竞赛

图 5-32 袁考在比赛中

图 5-33 袁考战老外

## 6. 扎实的基本功是获胜的法宝

2012 年的北京市太极推手比赛中，最让人关注的是国际关系学院武术队队长赵燕斌和北京市老将（多次参加北京市比赛）高永清。

此次比赛是赵燕斌（绰号：摩云金翅）大学期间代表国际

193

关系学院参加的最后一场战役，同时高永清亦是燕斌的老对手，双方实力皆为北京市推手比赛中的顶尖水平，这是一场十分有看点的比赛。内行看门道，外行看热闹，本场比赛表面上看并没有太多的抱摔动作，也没有花哨的技术打法，而是两人一直呈现着一种胶着状态，看似谁也没有过多的动作，其实看似和平的对抗下，险象环生。高永清同时习练摔跤，跤劲很好，身体强壮，力大势雄，善于各种摔法。燕斌基本功极好，身体协调性很强，对劲力的把握精妙，同时善于在比赛中思考，常常后发制人。高永清数次想摔倒燕斌，皆被其预判，并在高永清力道未起之时将其化解，打得高永清十分被动，而燕斌一直掌握着比赛节奏，总是在两人胶着至边线时，凭借着扎实的基本功将对方稳稳推出圈外，最终比赛以燕斌2比1小比分获胜，胜在智慧，更胜在四年来风雨无阻的刻苦夯实的基本功。获胜后，决赛是要和自己的队友张骁决出冠军，张骁的技战术明显不是燕斌的对手，但燕斌主动弃权把北京市冠军让与队友，也成为国际关系学院武术队的一段佳话。（图5-34~图5-36）

图5-34　赵燕斌（黑衣者）在比赛中

图5-35　赵燕斌（白衣者）大战高永清

图 5-36　赵燕斌在比赛中

## 7. 态度冷静才能稳操胜券

即便是顺利的比赛也需要冷静的态度，这是优秀运动员的优良素质，只有这样才能较好地掌控形势，谋篇全局，不至于成为鲁莽的勇夫，输掉唾手可得的胜利。1991年全国太极拳、剑、推手比赛在东北名城锦州举行，名将黄康辉与上海选手之间的对决很耐人寻味。

黄康辉比分领先，而且力量和身高占有明确优势，获胜应该没什么悬念。但是实际上对手实力不俗并且体力充沛，一直死死咬住比分，技术上也一直进退有度，没有特别明显的失误。黄康辉明白对方还有反击的实力，所以表现出了一贯的冷静态度，控制住对手，寻找机会。很快他发现对手技术娴熟但并不全面，步法、手法脱节，看似进退有度，实际上仅够应付。于是黄康辉步步为营，利用身高、力量、技术优势整场压迫对方，收缩其活动空间，加大对方的心理负担，通过牵制住对方手法，加快其体能消耗。随着体能的迅速丧失，比赛进入了最关键的一分半，对手防守无效，连续失分，出现了明显的心理应激反应，最后干脆站在原地摇头叹气，不再抵抗，被彻底瓦解。这个战例之所以经典，主要原因是整场比赛没有出现常见的技术性攻击，而是罕见地运用了心理战，综合运用身高、力量、技术等方面的优势给对方施压，后者疲于应付，挣扎无果，一点点丧失心理活动空间，最终彻底绝望，"让"出了比赛，可以说兵不血刃。

## 8. 关键时刻敢于突击

1991年的全国太极拳剑推手比赛中，山东名将杜林功与上海体院名将田金龙不期而遇，两强相遇花落谁家全场瞩目。杜林功在参加本场比赛前已经连续数次夺得全国推手比赛冠军，而上海体院推手队在全国推手舞台上也是成绩骄人，田金龙更是为了取得太极推手的胜利而刻苦训练，有备而来。果然双方表现不俗，比赛开始后经过短暂的试探之后，双方展开了实质性的攻防，田金龙将自己长于听劲、善于走化的优势发挥出来，让杜林功的进攻均无功而返。第一局二人都没有得分。经过一分钟的中场休息，双方几乎采用了同一个战术策略：一边保证自己不出现大的失误，一边暗暗寻找对方的弱点，果断出击。随着时间的推移，杜林功慢慢看到了一线希望，他发现田金龙一直前后开立，虽然能一次次化解自己的进攻，但是横向攻守似乎相对较弱。杜林功果断加强了横向攻守，利用田金龙的一次判断错误打破了零比零的僵局，最终卫冕成功。

## 9. 知己知彼，有的放矢

"知己知彼，有的放矢"是比赛中一种常见的策略，适用于头脑冷静、善于思索的运动员，采取这种策略既可以打顺风战也可以打逆风战。1993年的全国推手比赛上，有一场重头戏，一方是北京体育大学名将黄康辉，另一方是河南名将王战军。两人均是身经百战的运动员，获胜的唯一法宝就是看谁能采取更有效的战术。上场之前两个人都做足了功课，黄康辉知道王战军从小习练太极拳，基本功扎实，实战经验丰富，从以往的战例分析，他是个拼打型运动员；王战军不是个简单的拼打型运动员，他头脑冷静、善于思索，丰富的实战经验更是练就了他快速准确的判断能力和灵活多变的技术组合能力，王战军发现黄康辉以往战绩辉煌，属于技术型选手，这种运动员临场很耐心，不注重拼打，常常采取眼花缭乱的战术组合调动对手，抓住破绽后能将对手立即制服。对付技术型运动员不能让他适应自己，必须以长制短，速战速决，从一开始就让对方丧失战术回旋的余地，降低其技术效能。比赛开始后，王战军果然立即开始了对黄康辉的实质性进攻，黄康辉虽然沉着应对，寻找机会，但是面对王战军一开局就对他发起的实质性进攻还是感到有点意外，一时间有些不适应。很快，王战军就发现了黄康辉的弱点，虽然把上的功夫很好，但是下盘节奏有点慢，于是立即将打击的目标转向了这个弱点。他果断加快节奏，强化了双方把位上的争夺，引黄康辉就范。这一招果然奏效，黄康辉感觉王战军突击力很强，把位很沉，下意识地加强了手把上的争夺，瞬间忽略了步步为营的重要性。眼看黄康辉上当，王战军突然闪身捋采其肩背部,黄康辉猝不及防应声倒地,一场比赛很快就见到了分晓。

## 第五节 太极竞技推手运动员的比赛对策库

凡是竞技比赛,运动员的心理都是至关重要的。运动员如何去面对训练和比赛中出现的一系列问题,决定着一个运动员比赛的结果,所以我们制定了推手运动员比赛对策库,教会运动员如何面对困难,解决难题。让我们的运动员牢记办法总比困难多(见表5-1)。

**办法总比困难多**

| 如果…… | 我会…… |
| --- | --- |
| 1. 感到训练太累,不想再训练 | * 给自己提出新的目标、新的要求。 |
| | * 告知教练或队长,适当减量。 |
| | * 到新的环境去训练。 |
| 2. 体重超重 | * 及早按照计划减重。 |
| | * 保持冷静,积极想办法。 |
| | * 应急措施:限时限水、跑步出汗等。 |
| 3. 比赛当天起床后感到乏力 | * 这是能量节省的好现象,比赛时会更有力。 |
| | * 回忆良好的感觉和比赛成功的情景。 |
| | * 用积极的语言提示自己激励自己。 |
| 4. 睡眠不好 | * 坦然对待,顺其自然。 |
| | * 用其他的休息方式如静卧、听音乐等。 |
| | * 积极休息胜过睡眠。 |
| | * 做放松练习,身心放松等于睡眠。 |
| 5. 食欲不佳 | * 找一些代替性食物。 |
| | * 为了比赛,克服困难吃下去。 |
| | * 会慢慢喜欢吃的。 |

(续表)

**办法总比困难多**

| 如果…… | 我会…… |
| --- | --- |
| 6. 天气恶劣 | * 喜欢它，"与天斗其乐无穷"。<br>* 向不利的条件挑战，我才是强大的。<br>* 准备和携带必备的装备。 |
| 7. 其他活动过于频繁 | * 能躲就躲。<br>* 必须参加的就欣然接受，轻松对待。<br>* 找教练帮忙请假。 |
| 8. 比赛前意外受伤 | * 认真对待，积极治疗。<br>* 及时告知教练和队长，必要时做人员调整。<br>* 脚伤练手，手伤练脚，积极训练。 |
| 9. 没有教练指导 | * 认真对待训练，绝不说笑打闹，浪费时间。<br>* 服从小教练和队长的安排。<br>* 和队友共同探讨技术动作，积极训练。 |
| 10. 比赛时感觉疲惫 | * 给自己打气，对手也已经快不行了。<br>* 告知教练，调整战术。<br>* 场间按摩放松，积极恢复。 |
| 11. 裁判偏向对手 | * 保持冷静，用实力证明自己是最棒的。<br>* 容易犯规的动作不用，让裁判没办法。<br>* 要有一些礼貌的表示，给裁判施加压力。 |
| 12. 比赛第一局落后 | * 落后是正常现象，要看最后结果。<br>* 认真找出原因吸取教训。<br>* 用积极的语言提示自己、激励自己。 |
| 13. 比赛第二局落后 | * 找出对手的薄弱环节。<br>* 输赢无所谓了，打出士气来。<br>* 跟他拼了，机会永远存在。 |
| 14. 第一、二局小比分领先 | * 对手实力不俗，注意力一定集中。<br>* 找出对手的薄弱环节。<br>* 利用对手的急躁，步步为营。 |
| 15. 第一局大比分领先 | * 让对手得一分。<br>* 根据教练指示，速战速决或保存体力。<br>* 为下一场做好准备。 |

(续表)

**办法总比困难多**

| 如果…… | 我会…… |
|---|---|
| 16. 比赛失利 | * 还要帮助队友打好剩下的比赛。 |
| | * 坦然面对,不可一蹶不振。 |
| | * 下决心,下次一定把他打下去。 |
| 17. 比赛意外受伤 | * 拖延时间,为自己赢得恢复的时间。 |
| | * 如果是对手犯规,可"故作姿态"。 |
| | * 实事求是,不能继续就坦然放弃。 |
| 18. 比赛最终胜利 | * 帮助队友打好剩下的比赛。 |
| | * 比赛胜利是大家的功劳,不可沾沾自喜。 |
| | * 设立新的更高的目标。 |

**请记住:**

重要的是不在于发生了什么(问题或困难),而在于你如何去对待它。

结果并不取决于条件,而往往取决于你的态度。

表 5-1 太极竞技推手运动员的比赛对策库

## 第六节 太极竞技推手比赛的临场指导

教练员有必要在技术运用、体能分配和战术原则等方面帮助运动员。推手战术是重中之重,教练员是设计推手战术的主体。战术,是在推手比赛中为战胜对手或达到预期的比赛结果而采取的计谋和行动。要取得推手比赛的胜利,一方面要求运动员在体能、技术等方面有出色的表现,另一方面也要求运动员根据比赛实际情况,积极、灵活、合理地配合教练员所设计的战术。

## 一、研究推手竞赛规则

根据规则制定技战术是必要的。提前让队员注意比赛禁忌，采取积极的方法取得胜利。一项比赛的规则决定了该项目的技术体系，所以研究规则在各个体育比赛中都是必须和首要的。

## 二、了解对手

了解并分析对方的相关情况，例如身高、体重、技术特点、手法特长等，从而确定自己的进攻和防守重点，避免与对手的优势技术抗衡，有效控制节奏、合理分配体力。

## 三、全面考虑比赛环境的影响

参考比赛的环境情况制订应对预案，例如场地情况、个人风格等。

## 四、根据不同对手采取相应的战术方案

### 1. 个子高、精瘦型的运动员

这类运动员一般力量不是非常大，技术上可能有所长，控制半径大，多善于远距离作战。对付这类选手，要注意尽快发现其特长技术，在抑制对方特长技术的同时，防止其发挥纵深优势，强攻或者伺机反攻。

### 2. 短小精悍型的运动员

这类运动员一般力量大，爆发力强，灵活性好，善于近体作战。对付这类选手，要注意与其保持一定距离，多用远距离的直推技术。在对手强攻时，伺机反攻。

### 3. 重心较高的运动员

这类运动员一般下盘不稳，但是灵活性较强，多擅长上肢技术，把握机会的能力较强。对付这类选手，要以不变应万变，不给对方进攻和反攻的机会，稳扎稳打，步步为营。

### 4. 桩步稳定、基本功扎实的运动员

这类运动员一般下盘稳定，但是灵活性稍差，多擅于打阵地战，不擅于技战术的变化。对付这类选手，要以干扰战术为主，快速频繁地给对方以干扰，在不断干扰中寻找对方的漏洞，捕捉战机。

### 5. 技术出色、但体能不佳的运动员

这类运动员技术全面，而且有一两个特长技术，但是体能是该类运动员的一大软肋。对付此类选手，一上场就要强攻，以不同方式或多种渠道消耗对手的体能。一旦对手体能下降，那么获胜的机会就大大提高，但是在消耗对手体能的同时也要避免丢分过快、过多。

### 6. 技术单一、但体力出色的运动员

这类运动员技术不够全面，但是体能是该类运动员的优势，冲劲足，不惜体力。对付此类选手，要避免和对手硬碰硬地强攻，稳住阵脚，在对方以不同方式消耗自己体能或者强攻时，及时发现对手的漏洞，争取取得比分优势并不断拉大比分。

### 7. 技术全面、但没有特长的运动员

对付技术全面但是没有特别擅长技术的运动员，不要一味地强攻，应该先适时地周旋，以稳为主，抓住时机，使用自己的优势技术取得比分的领先。

### 8. 技术单一、但单项技术出色的运动员

技术单一的推手运动员，很可能在一两个技术上有特长。对付此类选手，一定要及时发现他的擅长技术，并及时有效地遏制住该技术，如果能够遏制对方的特长技术，取得比赛的胜利就很有希望。

另外，战术的设计还可以根据时间、体力、对手的经验度等来安排战术。

(1) 根据时间安排战术

例如：首回合采用的战术。如果不太清楚对手的情况，可

以采用试探战术。在比赛刚开始时，为了摸清对手的实力，以听劲化劲的防守为主或采用快推快撤、试探性进攻等摸清对手的实力。

**(2) 根据体能安排战术**

在了解对方的体能状况后，与自己的体力作对比来安排相应的战术。如果对手技术好但体力弱，就可以采用消耗对手体能的战术；如果对手技术一般，体力特别好，就不要和对手拼体力，而应该以技术优势速战速决。

**(3) 根据对手的弱点安排战术**

一般每个运动员都会暴露出自己的弱点，及时了解对手的技术弱点，安排战术时，就要集中火力果断进攻其薄弱环节。如果运动员的比赛经验较少，虽然有的选手会很勇猛，但有时会鲁莽进攻。战术的安排就可以故意给对手设一些陷阱，诱敌深入，或者消耗对手的体能，伺机进攻。

# 第七节　太极竞技推手伤害事故的防控

## 一、太极竞技推手的受伤因素

太极竞技推手运动创伤的发生，大都不是偶然的，是由诱发因素和直接原因决定的，有一定的规律性。掌握好这种规律，可以把损伤的发生率降到最低限度。

## 1. 潜在因素

潜在因素即诱发因素，它必须在直接原因（如局部负担量过大、技术动作发生错误等）作用下，才可成为致伤的因素。

由于太极竞技推手运动项目有自己的技术特点，人体的负担量主要集中在膝、肩、肘、腰、胯等部位，例如要求膝关节处于半蹲位时做屈伸和扭转动作，膝关节的负担量较大。因此，太极竞技推手项目的易伤部位集中在膝、肩、肘、腰、胯等部位。

某些组织处于特殊的解剖位置，在运动中易与周围组织发生摩擦和挤压，如肩轴或某些关节在一定的屈曲角度时，关节稳定性下降，易发生"不合槽"的活动，如膝关节半蹲位"发力"；或某些关节在运动时，关节面承受到几个不同方面的应力，如肱桡关节在运动过程中，关节面间既有滑动又有旋转摩动；或运动中由于相互间力学关系的改变，而导致负担最大的组织发生损伤，如负重转腰时，腰部肌肉处于紧张状态，若突然发力，就可能发生损伤。

综上所述，太极竞技推手运动有其自身的特点和技术要求，再加上解剖生理上的特点，使得太极竞技推手运动中所发生的损伤具有一定的特点和规律。掌握上述理论对于预防、诊断和治疗运动损伤有着重要的意义。

## 2. 直接原因

虽然人体的某些部分存在解剖生理上的弱点，且太极竞技推手运动又对运动员身体有特殊的动作要求，但是只能说有发生外伤的可能，而不一定都会发生外伤。事实上，有不少运动员经过多年训练，成绩稳步提高而未发生外伤，这主要是因为没有直接原因引起外伤。

分析起来，直接引起外伤的有如下原因。

### (1) 思想因素

事实证明，运动损伤的发生，常与教师、教练和习练者对于预防运动损伤的意义认识不足有关——认为从事体育教学和训练难免要发生伤害事故，因而忽视了必要的安全教育，甚至缺乏必要的安全措施，这是造成运动损伤的重要原因。另外，有些学生或运动员在练习高难动作时，往往产生畏难情绪和害怕心理；练习熟练动作时，又产生麻痹大意思想；在比赛中，由于"锦标主义"思想的影响，违反比赛规则，动作粗野，甚至搞小动作故意伤人……这些都容易引起运动损伤。

### (2) 准备活动方面的缺点

缺乏准备活动或准备活动不正确，是造成推手运动损伤的重要原因。在准备活动上常存在的缺点有以下几个方面：

①不做准备活动：在神经系统和其他各器官系统的功能没有做好准备的情况下，就立即投入紧张的对抗运动，由于肌肉、韧带的力量及伸展性都不够，运动中负担较重部位的功能没有得到相应的提高，身体协调性差，因而容易发生肌肉拉伤和关节扭伤。

②准备活动不充分：在神经系统和其他各器官系统的功能尚未达到适宜的水平时，就投入紧张的对抗运动或对准备

活动的生理作用认识不足，做准备活动马虎敷衍，因此发生伤害事故。

③准备活动内容与训练课的内容结合得不好或者缺乏专项准备活动：运动中负担较重部位没有充分地调动，因休息而减退了的条件反射性联系尚未恢复，此时易发生组织损伤。

④准备活动的量过大：身体在进入正式运动以前已感疲劳，当进入正式运动时，身体的功能不是处于最佳的状态，而是有所下降。此外，准备活动的强度若安排不当，也可引起肌肉拉伤。

⑤准备活动距正式运动的时间过长：当身体进入正式运动时，准备活动所引起的生理作用已经减弱或消失，失去了做准备活动的意义。这种现象多见于比赛时，如临时更换比赛时间或替补队员的临时上场等。

### (3) 训练水平不够

一般来说，推手训练必须包括四个内容，即一般身体训练、专项技术训练、战略战术训练及道德品质的培养，四方面缺一即很难提高成绩。但很多人对训练内容不全面是造成外伤或使外伤加重的原因这一点却认识不足。从生理的角度讲，无论哪一种内容的训练都是条件反射的建立过程。在这个过程中，如果专项技术训练不够，动作要领掌握不好，就容易发生外伤。除此之外，一般身体训练不够，也是造成创伤的重要原因，却往往为人所忽视。"缺乏耐力"致伤的例子更多，常常看到某些推手运动员在比赛最后两轮或者训练的后半部分时受伤，从生理上看，这主要是由于耐力不够出现疲劳所致。这时由于大脑皮质的活动处于抑制状态，致使已建立起来的、巩固的条件反射性联系受到影响——心脑血管系统不能及时供应足够的养料，肌肉关节反应迟钝——结果导致动作失误。

培养推手运动员的道德品质，如勇敢顽强，坚毅果断，胜不骄、败不馁，组织性、纪律性及集体主义精神等，也是训练工作中的重要一环。它是提高成绩与比赛中获胜的重要保证，如果在这方面培养不够，常常也是致伤的原因。

(4) 技术动作易犯错误

由于技术动作上的缺点和错误，违反了人体结构的特点和各系统器官功能活动的规律，以及运动时的力学原理，也易引起机体组织损伤。据有关资料分析，技术动作上的缺点和错误，是初从事推手训练或学习新动作时造成损伤的主要原因。

(5) 违背循序渐进原则

循序渐进原则是指教学的内容、组织方法、运动负荷等的安排顺序要有一定的科学性、系统性，要符合人们认识事物的规律，符合动作技能形成的规律和人体机能变化的规律而且都应由易到难、由简到繁、逐步深化，由已知到未知，不断提高。在推手训练中，只有遵守循序渐进原则，才能有效地发展技战术，增强体质。如果违背这一原则，不但不能达到上述目的，反而会容易造成损伤。

(6) 训练安排不合理

推手训练课的安排不合理，往往是造成推手运动损伤的重要原因。运动量的安排不符合人体机能能力的变化规律，是训练课安排不合理的主要表现。在运动中，人体的机能能力总有一定的变化规律：运动开始，人体的机能能力逐渐提高，进入工作状态；此后，机能能力达到并维持在一定水平上，叫稳定

状态；再继续运动下去，机能能力便逐渐下降，这叫疲劳阶段。在每一次训练课中，运动量的安排一定要符合人体机能能力的这一变化规律，把难度和强度较大的练习放在课的中间部分，到疲劳阶段则应逐渐减小。如果把难度和强度较大的练习放在疲劳阶段，那就很容易引起伤害事故。

另外，局部负担量过大，也是一堂课安排不合理的表现。例如，一节训练课只安排一个主要靠腰部发力的技术练习，接下来的两次课也是腰部技术的练习就很容易造成腰肌劳损。

(7) 训练课的组织不当

训练课的组织是否恰当包括是否遵循教学、训练和比赛的原则以及教学训练和比赛的组织方法是否合理等两个方面的问题。前者指教学、训练中是否切实遵循系统性、循序渐进和个别对待的原则以及比赛的分级原则。教学训练组织工作常存在的缺点有：一个教练负责指导的队员过多，教练缺乏正确的示范和耐心细致的教导，进行器械练习时缺乏保护，场地安排不合理，组织性、纪律性较差，允许伤病队员或身体不合格者参加对抗比赛等。上述各点都可造成损伤。

(8) 身体的功能状况不良

身体的功能状况不良，一般指疲劳或过度疲劳状态，患病或在病后恢复阶段等。生理状态不良的运动员，其力量、协调性等身体机能均显著下降，甚至即便是运动技术纯熟的运动员，在疲劳时进行运动也可能发生在运动技术上出现错误的情况，造成严重的损伤。此外，由于疲劳或过度疲劳的影响，导致警觉性降低和注意力减退，机体反应迟钝，也是造成损伤的重要原因。所以，应禁止在高度紧张的运动之后进行技术复杂和要求精确协调动作的运动。正确地制定运动日程表,在预防这类运动创伤上有很重要的作用。

(9) 体适能状况不良

推手运动员的肌力不足,受伤的机会就大。因为锻炼不足的肌肉纤维在剧烈运动的时候较容易受到伤害,而且较弱的肌肉亦容易被较强的肌肉拉伤。此外,肌肉的力量不足亦会降低关节的稳固性,从而容易造成与关节有关的损伤。例如,肩关节周围肌肉的力量不足,就容易导致肩关节的损伤;股四头肌的力量不足又会引起髌骨劳损等。

推手运动员的肌肉耐力不足,就容易因为疲劳而导致受伤。柔软度不足也是造成软组织(肌肉、肌腱、韧带)受伤的一个重要因素,因为如果某肌肉的软组织拉得过紧,而又被强行伸展时,就会被拉伤。心肺耐力欠佳,就容易失去专注力和协调性;此外,亦会影响到其他有关器官的养料供应,使疲劳提早出现。

(10) 生理限制

某些生理上存在不正常现象的习练者,如扁平足、脊椎骨弯曲等,都不应该成为推手运动员。另外,身材瘦长单薄的人尽量不要参与推手竞技,这类人容易因为与对手产生接触或碰撞而受伤。

(11) 心理状态

推手运动员的心理状态与受伤的发生亦有密切的关系,在下列的心理状态之下,推手运动员受伤的机率都会增加。心情欠佳,情绪低落;对训练及比赛欠缺自觉性和积极性;信心不

足或自信过高；好胜心强，急于求成；过度紧张，心慌意乱；对运动过度热衷，不懂节制。

### (12) 场地器材不合乎卫生要求

运动垫子不平，垫子有缝隙；场地太硬或太滑；器械的大小与轻重不符合运动员的能力和训练水平；缺乏必要的防护器具（如护腰、护腕、护膝、护踝等）；运动时的服装和鞋袜不符合体育卫生的要求等，这些都会造成运动员受伤。

### (13) 不良的气候因素

气温过高或过低都能引起受伤。气温过高易发生中暑和疲劳；气温过低，易发生冻伤或出现肌肉僵硬、身体协调性下降而引起肌肉拉伤；潮湿高温的气候容易使运动员大量出汗，影响体内水盐代谢平衡，造成运动员肌肉痉挛或虚脱；光线不良影响视力，使运动员在运动中反应迟钝，这些也都可能成为受伤的原因。

## 二、太极竞技推手运动损伤的预防

### 1. 推手运动损伤的预防重点

推手运动损伤的种类不多，主要是腰部和肩、肘、腕、膝等关节部位的损伤。推手训练的运动损伤，总的来说是慢性损伤多，而严重的急性损伤较少。这些慢性损伤，可能是由于一次急性损伤后处理不当，未完全恢复就过早投入训练所致，但更多的是由于运动量安排不当引起局部微细损伤的积累而成。因此，既应注意做好对急性损伤的处理，又要科学地安排运动量,以防发生各种组织的劳损。

### 2. 运动损伤的预防原则

减少推手运动损伤的根本办法就是坚持"以预防为主"的方针。根据这一方针和运动损伤发生的原因,在比赛和训练中,应该遵循下列原则。

#### (1) 思想教育要加强

正确的指导思想,是搞好一切工作的根本保证。教练必须注意加强思想教育,使队员确立安全观念;同时还要加强组织纪律性的教育,使学生严格遵守为防伤制定的规章制度。

#### (2) 训练方法要合理

要掌握正确的训练方法和运动技术,科学地增加运动量。训练时,在运动量的安排上应根据运动员不同水平及健康状况做到因人而异、循序渐进。

#### (3) 准备活动要充分

由于准备活动能加快血液循环,提高肌肉、韧带的弹性,增加关节滑液的分泌,可以有效地防止扭伤。因此,在训练或比赛之前,一定要做好充分的准备活动。特别在冬季,对身体负担量较大、容易受伤的部位更应如此。

准备活动可以提高中枢神经系统的兴奋性,克服机体机能活动的生理惰性,为正式练习做好准备。准备活动能增加肌肉中毛细血管开放的数量,提高肌肉的力量、弹性和灵活

性，同时可以提高关节、韧带的机能，增强韧带的弹性，使关节腔内的滑液增多，防止肌肉和韧带的损伤。在进行准备活动时，既要把躯干、肢体的大肌肉群和关节充分活动开，同时也要注意各个小关节的活动。准备活动还应增加一些推手专项素质的内容。

(4) 注意间隔放松

在训练中，每组练习后为了更快地消除肌肉疲劳，防止由于局部负担过重而出现的运动损伤，组与组之间的间隔放松非常重要。在间隔时间内，一些运动员对这一问题重视不够，他们在每组练习后往往站在一旁不动或千篇一律地做些放松跑。这样并不能加快机体疲劳的消除，再进行下组练习时还易出现损伤。

(5) 防止局部负担过重

训练中运动量过分集中，会造成机体局部负担过重而引起运动损伤。例如，过多地练习鸭步可引起膝内侧副韧带及半月板的损伤。因此，在训练中应避免单调片面的训练方法，防止局部负担量过重。

(6) 加强易伤部位的肌肉力量练习

据统计，在运动实践中，肌肉、韧带等软组织的运动损伤最为多见。因此，加强易伤部位的肌肉力量练习，对于防止损伤的发生具有十分重要的意义。例如，加强股四头肌力量的练习可以防止膝关节损伤。防止肩关节损伤则应加强三角肌、肩胛肌、胸大肌和肱二头肌的练习。

#### (7) 加强保护和自我保护

保护和自我保护是预防运动损伤的重要手段，特别在推手中，很容易发生技术动作上的错误，尤其是新队员，由于肌肉力量不足、判断与控制能力较差，在学习新动作时，都应加强保护。教师应将保护和自我保护的正确方法传授给学生。例如：摔倒时立即屈肘、低头、团身，以肩背部着地顺势滚翻，而不可直臂撑地。

## 第八节　太极竞技推手竞训安全管理

为减少在太极竞技推手训练和比赛活动中发生的伤病，教练应该引导运动员选择最佳的训练方法。虽然体育活动本身激烈的竞争性再加上一些客观上不能预见的意外，使得运动员会不可避免地发生一些损伤，但是，我们必须做出防止和处置伤病的预案，经常性地给予运动员有效的告诫、纠正，以极强的责任心履行自己的职责，将教学、指导和管理有机融合，从而把推手活动伤病出现的几率降至最低。

为确保运动员推手训练和比赛过程中的安全，教练应做到以下几个方面：

第一条　要了解队员的健康状况，特别是既往病史等；

第二条　每节训练课都要询问学生的身体状况（有无身体不适、有无疾病、有无损伤、有无熬夜等），以安排适当的运动量；

第三条　教练应定时对其使用的所有训练器材、安全辅

助设施等进行检查，出现问题应立即解决，及时消除各种安全隐患；

第四条　教练应该制定安全防范的有关规定，要求运动员认真执行；

第五条　教练员应增强推手运动员的安全防范意识，制定好安全保护的应急措施，在运动员进行大强度力量训练时，应在旁边认真进行观察和保护；

第六条　推手运动员在训练中，应时刻注意安全防范，不得擅自进行危险动作练习，在进行器械练习时，应有教练在场并密切注意训练场周围的安全情况；

第七条　推手运动员在训练中，教练要注意发现事故苗头，及时提醒，如发生运动伤害情况，由教练员组织进行救治工作，其他人员密切配合，注意保护现场并通报相关领导和人员。

总之，在太极推手训练计划中，教练要从场地器材、准备活动、教学手段、组织管理和保护帮助等多个方面来考虑可能会出现的安全问题和防范措施。

## 附录1：

# 武术太极拳推手竞赛规则

### 第一章 通 则

第一条 比赛性质

一、个人竞赛：在个人所属的级别内，以所取得的比赛成绩确定个人名次。

二、团体竞赛：按竞赛规程规定，以被录取的运动员成绩之和确定团体名次。

第二条 竞赛办法

根据竞赛规模，可分为单循环、分组循环、单败淘汰或双败淘汰制。

第三条 性别分组和年龄规定

性别分组：分男子组和女子组。

年龄规定：50周岁以内（含50周岁）。

第四条 体重分级

一、48公斤级（含48公斤及以下）

二、52公斤级（48公斤以上至52公斤）

三、56公斤级（52公斤以上至56公斤）

四、60公斤级（56公斤以上至60公斤）

五、65公斤级（60公斤以上至65公斤）

六、70公斤级（65公斤以上至70公斤）

七、75公斤级（70公斤以上至75公斤）

八、80公斤级（75公斤以上至80公斤）

九、85公斤级（80公斤以上至85公斤）

十、85公斤以上级

第五条　称量体重

一、由检录组负责称量体重，裁判组、编排记录组配合完成。

二、运动员在赛前两个小时内到指定地点称量体重（称量时只穿短裤），并在一个小时内称完，逾时作该场弃权论。

三、称量体重时，先由体重轻的级别开始，如体重低于所报级别时，仍可在原级别比赛；如体重超出原报级别，在规定时间内降不到原级别时，则不准参加比赛。

四、运动员经过健康检查和称量体重后，即进行抽签，遇有特殊情况（如本级别只有一人，须升级参加比赛）应经大会批准。

第六条　太极拳考核

比赛前运动员必须参加一项太极拳考核（竞赛套路或传统套路均可，按1993年太极拳、剑竞赛规则评分）。考核分不足8分者，取消参加太极推手比赛的资格。

第七条　竞赛中的礼节

一、入场：裁判列队入场，站在场地中央，面向裁判长席。介绍裁判员时，被介绍者应成立正姿势向观众行抱拳礼，然后裁判员站到场地一侧，面向场内。

二、运动员进场后，站在主裁判员两侧，面向裁判长。介绍运动员时，被介绍者应成立正姿势向观众行抱拳礼，然后互行抱拳礼。

三、每场比赛结束时，运动员在听到主裁判员宣布完比赛结果后，先向裁判员行抱拳礼，再相互行抱拳礼，之后方可退场。

第八条　服装

运动员必须穿太极推手比赛服装比赛。

第九条　竞赛局数和时间

每场比赛两局，每局净推3分钟，局间休息1分钟。

第十条　竞赛中的信号

一、每局赛前5秒钟，计时员鸣哨通告准备；鸣锣宣布每局比赛结束。

二、场上主裁判员用口令和手势裁定比赛。

三、场上边裁判员用旗势和手势配合主裁判员裁定。

第十一条　竞赛中的有关规定

一、运动员必须遵守比赛规则，严肃认真地进行比赛，严禁故意伤人。

二、凡没有参加太极拳比赛或成绩不足8分者，均取消参加太极推手比赛资格。

三、教练员和本队医生应坐在指定位置，局间休息时，允许给运动员进行按摩和指导。比赛时不得在场下呼喊或暗示指导。

四、比赛时运动员不得要求暂停，遇有特殊情况，需向场上主裁判员举手示意。

五、运动员不可留长指甲、不可戴手表和易伤及对方的物品上场比赛。

第十二条　弃权

一、比赛期间，运动员因伤不宜参加比赛时，须有大会医生证明，作弃权论。

二、3次检录未到，或检录后自行离开者，作弃权论。

三、比赛中，运动员可举手要求弃权，教练员也可向场上裁判员举旗要求弃权，运动员擅自终止比赛，作弃权论。

弃权者应向大会说明理由，对于无故弃权破坏大会秩序的将给予一定的处罚。

## 第二章　裁判人员及其职责

第十三条　裁判人员的组成（略）

第十四条　裁判人员的职责（略）

## 第三章　裁判方法及评分标准

第十五条　竞赛法则

一、在比赛中必须贯彻"粘连黏随""刚柔相济"的原则。

二、必须采用"掤、捋、挤、按、采、挒、肘、靠"（简称八法）的技术进行比赛。

第十六条　比赛的方法和攻击部位

一、第一局右脚在前互搭右手；第二局互换场地，左脚在前互搭左手。

二、每局开始时，运动员上同一侧脚成自然步，前脚心踩于中心点，搭好手。当场上主裁判发出开始信号后，以"掤、捋、挤、按"的手法及相应的步法，在左、右各划两圈后，即可进攻对方。

三、攻击部位限于颈部以下、耻骨以上躯干和上肢部位。

第十七条　得分

一、优势胜利

1. 在比赛中,一方累计分数超出对方达 15 分时,为该场胜方。

2. 一方受罚达 4 分时，判对方胜。

3. 在一局比赛中，一方出现两次得 5 分动作即为该局胜方。

4. 比赛中因对方犯规造成受伤，经医生检查不能继续比赛者，判受伤者获胜。

5. 比赛中因伤不能坚持比赛者，判对方获胜。

6. 比赛中运动员或教练员要求弃权时，判对方获胜。

7. 比赛中凡不会以"掤、捋、挤、按"的手法和相应的步型打轮者，则取消其比赛资格。

二、得 1 分

1. 使对方出圈者得 1 分（踩线即为出圈）。

2. 双方先后出圈，后出圈者得 1 分。

3. 牵动对方双足移动者得 1 分。

4. 两次消极，对方得 1 分。

5. 凡违反"侵人犯规"中的 1~5 条之一者，给予劝告，对方得 1 分。

6. 凡违反"技术犯规"中的 1~3 条之一者，给予劝告，对方得 1 分。

7. 双方先后倒地，后倒地者得 1 分。

三、得 2 分

1. 警告一次，对方得 2 分。

2. 凡违反"侵人犯规"中的第 6 或者第 7 条者，给予警告，对方得 2 分。

四、得 3 分

一方倒地（除两脚以外的身体任何部位接触地面均为倒地），站立者得 3 分。

五、得4分

1. 使对方出圈倒地者得4分。

2. 凡运用"八法"技术、方法清楚地发放对方倒地者得4分。

六、得5分

凡运用"八法"技术、方法清楚地发放对方出圈并倒地者得5分。

七、不得分

1. 双方同时出圈或倒地。

2. 双方对顶超过两秒（判在原处搭手继续比赛）。

3. 凡不使用"八法"技术进攻对方者不得分。

第十八条 犯规

八、侵人犯规

1. 使用硬拉、硬拖、搂抱（单手超出对方身体侧面中心线，屈臂、屈腕为搂抱）或用脚勾、踏、绊、跪者。

2. 故意造成对方犯规者。

3. 脱手发力撞击者。

4. 单、双手抓住对方衣服或双手死握对方者（单手顺势除外）。

5. 未发"开始"口令即进攻对方或已发"停止"口令仍进攻对方者。

6. 使用拳打、头撞、擒拿、点穴、抓头发、捞裆、扼喉等动作者。

7. 攻击规则中规定以外的身体各部位者。

凡违反以上规定者均给予劝告或警告。

九、技术犯规

1. 未左右各划完两圈便抢先进攻者。

2. 比赛中对裁判员不礼貌或不服从裁判者。

3. 比赛中进行场外指导者。

十、罚则

1. 违反"侵人犯规"中的 1~5 条之一，每犯规 1 次，判劝告 1 次。

2. 违反"侵人犯规"中的 6、7 条之一，每犯规 1 次，判警告 1 次。

3. 技术犯规 1 次，判劝告 1 次。

第十九条　评定名次

比赛结束后，计算运动员的得分，得分多者为胜方。

十一、得分相等时，按下列原则处理：

1. 按太极拳套路考核成绩评定，得分高者为胜方。

2. 如仍相等，以体重轻者为胜方。

3. 如仍相等，以警告少者为胜方。

4. 如仍相等，以劝告少者为胜方。

以上各条如仍相等时，则判为平局。如采用淘汰制比赛时，应增加比赛局数，直至分出胜负。

第二十条　确定名次

讨论：

本规则应该是最权威的推手规则了，但目前的各省市、各地区的推手比赛基本上都不按照它的得分标准判定，因为此规则的得分太过复杂，从 1 分到 5 分把裁判和观众都弄糊涂了，可操作性比较差。另外，得 4 分、5 分的分值过大，得 1 个 4 分比赛基本上就没有悬念了。

附录2：

# 2015年首都高校第三届太极推手比赛规则

太极推手竞赛（活步）是双方运动员在直径为4米的圆形垫子内，使用规则允许的技术将对手推出圈外或者摔倒的竞技比赛。（注：太极推手比赛暂不设太极拳套路考核。）

太极推手竞赛（定位）是双方运动员在长为3米、宽为1米的椭圆形垫子内，按照一定的规则和使用规则允许的技术将对手推出圈外或者摔倒的竞技比赛。

## 第一章 通则

第一条 比赛性质

人团体赛：在个人所属的级别内，以所取得的比赛成绩确定个人名次，并计入各单位团体总分。

第二条 竞赛办法为单败淘汰

第三条 体重分级 （注：活步和定位推手都按照此级别划分）

1. 60公斤级（60公斤以下，含60公斤）
2. 65公斤级（60公斤~65公斤，含65公斤）
3. 70公斤级（65公斤~70公斤，含70公斤）
4. 75公斤级（70公斤~75公斤，含75公斤）
5. 80公斤级（75公斤~80公斤，含80公斤）
6. 80公斤以上级（80公斤以上）

第四条　称量体重

一、由检录组负责称量体重，裁判组、编排记录组配合完成。

二、运动员赛前在指定时间内到指定地点称量体重，逾时作该场弃权论。

三、称量体重时，先由体重轻的级别开始。如果体重低于所报级别，仍可在原级别比赛；如体重超出原报级别，视情况作弃权论。

四、运动员经过健康检查和称量体重后，即进行抽签。

第五条　竞赛中的礼节

一、裁判入场，站在场地中央，面向裁判长席，介绍裁判员时，被介绍者应成立正姿势向观众行抱拳礼，然后裁判员站到场地一侧，面向场内。

二、运动员进场后，站在场上裁判员两侧，面向裁判长。介绍运动员时，被介绍者应成立正姿势向观众行抱拳礼，然后互行抱拳礼。

三、每场比赛结束时，运动员在听到主裁判员宣布完比赛结果后，先向裁判员行抱拳礼，再相互行抱拳礼，之后方可退场。

第六条　竞赛局数和时间

每场比赛3局，每局90秒钟，局间休息1分钟。

第七条　竞赛中的信号

一、每局赛前5秒钟，计时员鸣哨通告准备；鸣锣宣布每局比赛结束。

二、场上裁判员用口令和手势裁定比赛。

三、边裁判员计分，裁定运动员胜负。

第八条 竞赛中的有关规定

一、运动员必须遵守比赛规则，严肃认真地进行比赛，严禁故意伤人。

二、教练员和本队医生应坐在指定位置，局间休息时，允许给运动员进行按摩和指导。

三、比赛时运动员不得要求暂停，遇有特殊情况，需向场上主裁判员举手示意。

四、运动员不可留指甲，不可戴手表、饰物和易伤及双方的物品参赛。

第九条 弃权

一、比赛期间，运动员因伤不宜参加比赛时，须有医生证明，作弃权论。

二、3次检录未到或检录后自行离开者，作弃权论。

三、比赛中，运动员可举手要求弃权，教练员也可向场上裁判员举旗要求弃权，运动员擅自终止比赛，作弃权论。

## 第二章 裁判人员及其职责

第十条 裁判人员的组成

一、总裁判长1人，副总裁判长1人。

二、裁判组：裁判长、记录员、示分员、计时员各1人。场上裁判员1人，边裁判员3人。

三、编排记录组：编排记录长1人，编排记录员2~3人。

四、检录组：检录长1人，检录员2~3人。

五、宣告员1~2人。

六、医务人员1人。

第十一条　裁判人员的职责

裁判人员在大会组委会的领导下，严肃、认真、公正、准确地做好裁判工作，其职责如下：

一、总裁判长

（一）领导裁判人员学习竞赛规则、规程，讲解裁判法。

（二）负责裁判组的分工。

（三）根据竞赛规程和规则的精神，解决竞赛中的有关问题，但无权修改竞赛规程和规则。

（四）比赛中指导裁判组的工作。有权调动裁判员的工作。在裁判工作有争议时，有权作出最后决定。

（五）赛前组织裁判长检查落实场地、器材和有关裁判用具。

二、副总裁判长

协助总裁判长工作，总裁判长缺席时可代行其职责。

三、裁判长

（一）组织裁判组的业务学习，落实有关事宜。

（二）检查比赛用具，审核签署记分表。

（三）比赛中，对弃权、优势获胜等情况进行处理。

（四）比赛中，对裁判员的工作进行监督检查，发现问题时，有权暂停比赛并进行处理。

四、场上裁判员

（一）对临场运动员进行安全检查，如发现有与规则不符者，应及时纠正。

（二）用口令和手势判定比赛。

（三）宣布比赛结果。

五、边裁判员

准确地记录双方运动员的得分，并判定运动员的胜负。

六、记录员

（一）根据场上裁判员的裁决，记录罚分、犯规等事宜。

（二）一方判罚达4分，应及时报告裁判长停止比赛。

（三）比赛结束后，应及时整理比赛成绩，报告裁判长。

七、计时员

准确掌握比赛时间，通告比赛开始和结束。

八、编排记录组

（一）审核报名表，编排秩序册。

（二）负责各体重级别的运动员抽签，编排每场比赛秩序表。

（三）准备竞赛中所需要的各种表格。

（四）登记和公布各场比赛成绩，排列竞赛名次。

九、检录组

（一）比赛前20分钟开始点名，按规则要求检查运动员服装等事宜。

（二）负责称量运动员的体重。

（三）处理运动员赛前临时事宜，如有弃权者及时报告裁判长及有关人员。

十、宣告员

在比赛过程中，报告比赛成绩，介绍竞赛规程、规则和比赛项目的特点以及大会审查过的宣传材料。

十一、医务人员

（一）审核运动员的"体格检查表"。

（二）负责竞赛中的医务监督和现场急救处理。对伤病运动员能否参加比赛提出建议。

## 第三章　裁判方法及评分标准

第十二条　竞赛法则

一、在比赛中必须贯彻"粘连黏随""刚柔相济"的原则。

二、必须采用"掤、捋、挤、按、采、挒、肘、靠"（简称八法）的技术进行比赛。

第十三条　竞赛方法和攻击部位

一、比赛共3局，第1局右脚在前，互搭右手；第2局互换场地，左脚在前，互搭左手；第3局，哪只脚在前不作规定。

二、每局开始时，运动员上同侧脚成自然步，前脚心踩于中心点，搭好手。当场上裁判员发出开始信号后，以"掤、捋、挤、按"手法及相应的步法，在左、右各划两圈后，即可进攻对方。

三、攻击部位限于颈部以下、耻骨以上躯干和上肢部位。

第十四条　优势胜利

一、在比赛中，一方明显在技术和体能上优于对方，由总裁判长宣布优势方为该场胜方。

二、一方受罚达4分时，判对方胜。

第十五条　得分

一、得2分

1. 一方倒地（除两脚以外的任何身体部位接触地面均为倒地），站立者得2分。

2. 被警告一次，对方得 2 分。

二、得 1 分

1. 使对方出界者得 1 分（踩线即为出界）。注：定位推手的出界包括后脚出后脚界和前脚出前脚界。

2. 凡"技术犯规"或"侵人犯规"者，给予劝告，对方得 1 分。

3. 使用 2013 年高校太极推手培训推广技术者，并有明显效果的情况下，得 1 分，有其他得分累加。

①六封四闭：对方双手前推，我双手引化，随即前推。

②玉女穿梭：对方右手推来，我左手向外挂引，右手捋住对方上臂内下侧，顺势向我右捋出，左手顺势向前推按。

③进步靠：对方右手推我胸、腹部，我右手抓握其右手臂，并向右下采，身体顺势进步，右肩靠打其上体。

第十六条 不得分

1. 双方同时出圈或倒地。

2. 双方对顶超过 5 秒（判在原处搭手继续比赛）。

第十七条 犯规

一、侵人犯规

1. 使用硬拉、硬拖、搂抱（单手超出对方身体侧面中心线、屈臂、屈腕为搂抱）者。

2. 使用拳打、脚踢、头撞、擒拿、点穴、抓头发、膝跪、捞裆、扼喉等动作者。

3. 未发"开始"口令即进攻对方或已发"停止"口令仍进攻对方者。

4. 攻击规则中规定以外的身体各部位者。

5. 采用反关节等伤害性动作者。

6. 倒地后继续进攻对方者。

凡违反以上规定者视情节轻重给予劝告或警告。

二、技术犯规

1. 比赛中对裁判员不礼貌或不服从裁判者。

2. 消极比赛。

3. 抱缠对方肢体。

4. 处于不利时，无故要求暂停或中止比赛的。

5. 腰带或服装、服饰松落影响比赛的。

三、罚则

1. 违反"侵人犯规"中的 1~6 条之一，每犯规 1 次，视情节轻重判劝告或警告 1 次。

2. 违反"技术犯规"的，每犯规 1 次，判劝告 1 次。

第十八条　评定名次

一、每场比赛 3 局 2 胜。

二、得分相等时，按下列原则处理：

1. 以体重轻者为胜方；

2. 如仍相等，以警告少者为胜方；

3. 如仍相等，以劝告少者为胜方。

以上各条，如仍相等时，则为平局。如采用淘汰制比赛时，应增加比赛局数，直至分出胜负。

## 附录3：

# 推手比赛场地及功能

一、定位推手场地是长为3米、宽为1米的椭圆形

中间是边长1米的正方形，是双方运动员前脚的区域，称为前脚界。上下两侧是双方运动员后脚的区域，称为后脚界，由矩形和半圆形组成。在前脚界，以中心点为圆心画一个太极图，直径为0.5米，作为双方运动员比赛开始时前脚定位点使用。界线宽度为5厘米，包含在上述距离之内。

二、推手的场地示意图

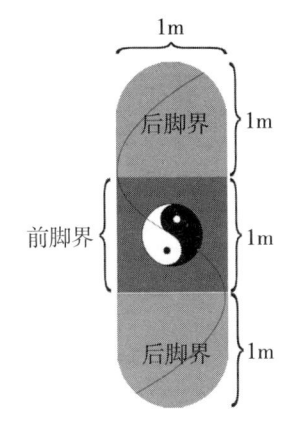

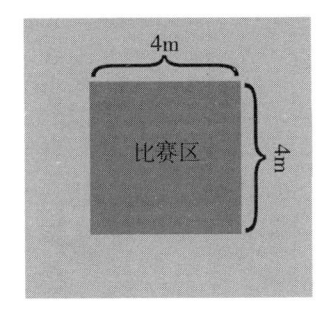

讨论：

本规则是2015年首都高校的推手规则，该规则有几个亮点。第一是得分简化，主要是从1分和2分，删掉了3分和5

分，增加了裁判的可操作性，也使观众更加清晰明了。第二是使用2013、2014年高校太极推手培训推广技术者，并有明显效果的情况下，得1分，有其他得分累加。这一个措施主要是为了更好地在推手不发达的高校中推广。第三是本规则添加了定位推手，也是为了更好地在学校中推广太极推手，该项目技术入门简单，场地要求不大，学生们的参与度较高。第四是活步推手的面积从6米的正方形改为4米的正方形，虽缩小了比赛的场地，却增加了比赛的激烈程度和观赏性。

图书在版编目(CIP)数据

太极竞技推手/刘明亮,许义林著.－北京：人民体育出版社,2016
ISBN 978-7-5009-4943-5

Ⅰ.①太… Ⅱ.①刘… ②许… Ⅲ.①太极拳-推手(武术) Ⅳ.①G852.11

中国版本图书馆CIP数据核字（2016）第052392号

\*

人民体育出版社出版发行
三河兴达印务有限公司印刷
新 华 书 店 经 销

\*

850×1168  32开本  7.75印张  150千字
2017年1月第1版  2017年1月第1次印刷
印数：1—5,000册

\*

ISBN 978-7-5009-4943-5
定价：20.00元

社址：北京市东城区体育馆路8号（天坛公园东门）
电话：67151482（发行部）  邮编：100061
传真：67151483  邮购：67118491
网址：www.sportspublish.com
（购买本社图书，如遇有缺损页可与邮购部联系）